Herbert Vorgrimler

„... und das ewige Leben. Amen!"

*Christliche Hoffnung
über den Tod hinaus*

Verlag Aschendorff Münster

Abbildung Einband
Aquarell auf Büttenpapier
Georg Dittrich

© 2007 Aschendorff Verlag GmbH & Co. KG, Münster

Das Werk ist urheberrechtlich geschützt. Die dadurch begründeten Rechte, insbesondere die der Übersetzung, des Nachdrucks, der Entnahme von Abbildungen, der Funksendung, der Wiedergabe auf fotomechanischem oder ähnlichem Wege und der Speicherung in Datenverarbeitungsanlagen bleiben, auch bei nur auszugsweiser Verwertung, vorbehalten. Die Vergütungsansprüche des § 54, Abs. 2, UrhG, werden durch die Verwertungsgesellschaft Wort wahrgenommen.

Gesamtherstellung: Aschendorff Medien GmbH & Co. KG, Druckhaus Münster, 2007

Gedruckt auf säurefreiem, alterungsbeständigem Papier ∞

ISBN-10: 3-402-00228-0

ISBN-13: 978-3-402-00228-5

Inhalt

4 Vorwort

5 Wie Sterben erfahren wird

12 Warum denn der Tod?

20 Geschaffen zur Unsterblichkeit?

24 Unsterbliche Seele?

32 Andere Auffassungen vom Geschehen im Tod

38 Gläubig sterben

41 Christliches Sterben mit Jesus

48 Vor dem Richterstuhl

59 Läuterung im Jenseits?

69 Verdammt in alle Ewigkeit?

83 Die Freuden des Himmels

96 Quellennachweise

Vorwort

Dieses kleine Buch möchte das Gespräch mit Menschen aufnehmen, die einen geliebten Menschen im Tod verloren haben oder die selber das Herannahen der „letzten Stunde" spüren. Es gab schon bisher ähnliche Bücher, die sich in einfacher Sprache mit der Hoffnung über den Tod hinaus beschäftigten. Aber das theologische Suchen und Nachdenken ist ja auch in letzter Zeit nicht stehengeblieben, und so sind einige Antworten möglich, die religiös-theologisch früher nicht so in den Blick kamen. Die hier vorgelegten Gedanken tragen bewusst die Spuren einer bisher achtjährigen Tätigkeit als Seelsorger im Krankenhaus.

Mein Dank gilt Schwester Marianne Candels und Herrn Lektor Winfried Daut in Münster, mein stetes Gedenken gilt „meinen Toten".

Münster, im Oktober 2006

Herbert Vorgrimler

Wie Sterben erfahren wird

Erfahrungen des Sterbens, das sind zunächst einmal zweierlei Erfahrungen, nämlich auf der einen Seite die der Menschen, die selber noch nicht sterben, aber das Sterben anderer mit erleben, und auf der anderen Seite die Erfahrungen eben der Sterbenden. Beide Male zeigen sich unterschiedliche Formen des Erlebens. Es ist ja nicht wahr, dass der Tod heute einfach verdrängt wird. Das Fernsehen liefert ihn vielfach ins Haus, in den brutalen Bildern der Wirklichkeit, bei den Toten von Krieg und Tsunami, bei den sogenannten Verkehrsopfern – wer opfert hier, und wem? – und als gespielter Tod im Krimi oder als Bestandteil von Seifenopern (Vorabendserien), zu denen es ja gehört, dass man dann und wann weinen darf. Nicht zu vergessen sind die Beiträge der Gesundheitsberater, die manchmal auch von tödlichen Gefahren sprechen.

Dieser *von außen angeschaute Tod* kann durchaus betroffen machen; Bilder von Kriegen oder Naturkatastrophen können einem monatelang tagsüber und im Schlaf nachgehen. Aber noch einmal anders ist die Erfahrung des Sterbens eines Menschen, der einem nahesteht, der vielleicht der Liebste und Nächste im ganzen Leben war. Wenn ein solch naher Mensch unter einer unheilbaren Krankheit gelitten hat oder im hohen Alter hinfällig wurde, dann kann sich bei dessen Sterben ein Gefühl der Erleichterung einstellen. Oft hört man in solchen Fällen Menschen sagen: Gott sei Dank, er oder sie ist erlöst, und wo immer er oder sie jetzt auch sein mag, auf alle Fälle geht es ihm oder ihr besser als vorher, sein oder ihr Zustand ist auf jeden Fall nun ohne Schmerzen und Gebrechen, ohne Tränen und ohne Enttäuschungen.

Aber je näher ein Mensch einem gewesen war, um so schrecklicher betrifft einen sein Tod. Das Gefühl, man sei selber halbiert worden oder gar sich selber abhanden gekommen, kann viele Monate, ja viele Jahre andauern. Die Zeit heilt Wunden, sagt man. Das ist zum Teil wahr, zum Teil aber auch nicht. Es gibt kleine Gesten, die verraten, dass man sich mit dem Fehlen des geliebten Menschen einfach nicht abfinden kann. Alles soll an seinem Platz bleiben, als würde er einmal wiederkommen ... Und es gibt den Zwang, immer wieder den Friedhof aufzusuchen, als sei der Vermisste dort leichter zu finden. Die schrecklichste Erfahrung beim Sterben eines geliebten Menschen ist das Wissen, das man so lange Zeit gar nicht zulassen will: Es ist so endgültig. Nie mehr wird es so sein, wie es einmal war.

Zu dieser furchtbaren Erfahrung gehört die Begegnung mit der Leiche. Viele Menschen weichen dieser Begegnung aus, und sie haben Gründe dafür. Sie wollen den geliebten Menschen in Erinnerung behalten, so wie er einmal lebendig und fröhlich gewesen war. Nur schiebt man dabei die schrecklichste Erkenntnis von sich fort, die eines Tages dann doch einbricht. Beim Abschied von der Leiche geschieht zugleich Abschied von einem Teil, vielleicht vom wertvollsten Teil des eigenen Lebens. Als dieser Mensch noch lebte, dessen Überrest kalt und abweisend vor einem liegt, sammelten sich alle guten und bösen Erfahrungen des Lebens und der Zweierbeziehung in diesem Leib. Mit seiner Hilfe konnte man sich verständigen, konnte man wortlos kommunizieren, Gedanken und Blicke, Freuden und Leiden, Zärtlichkeiten austauschen. Alles, was gemeinsames Leben ausmachte, ist nun unwiderruflich vorbei, sagt die Leiche. Denke noch einmal in Liebe und Dankbarkeit an das Gewesene – und verabschiede dich. Die Leiche zu einem letzten Mal anzuschauen hilft einem bei dieser Erkenntnis. Was da liegt, das ist nicht mehr der bekannte Mensch, der geliebte Mensch. Es ist ein Rest, tote Materie, nicht mehr brauchbar für die Zukunft.

Die *Erfahrungen des Sterbenden selber* bleiben einem nicht immer und nicht gänzlich verschlossen. Manchmal erlebt man seine

Wie Sterben erfahren wird

Warum-Frage bedrängend mit: Warum muss gerade ich jetzt sterben? Manchmal die Wutausbrüche. Manchmal das Hadern mit einem unbegreiflichen Schicksal. Manchmal die Suche nach Versöhnung, nach Heilung zerstrittener Verhältnisse, damit ein Weggehen in Frieden möglich wird. Manchmal die Mühe, wie schwer es ist, auf Selbstbestimmung zu verzichten, andere über sich verfügen zu lassen, andere an einem herumhantieren zu lassen, das Los-Lassen lernen, Abschied nehmen von der Familie, vom Haus, vom Garten, schließlich von sich selber. Und dann die Erfahrung einer großen, fast heiteren Gelassenheit: Es ist gut so, wie es ist.

Sterbende, die an einer schweren Krankheit leiden, sind im Hinblick auf die Erfahrungen mit der letzten Phase ihres Lebens vor eine Entscheidung gestellt. Die moderne Medizin sagt ihnen, dass heute niemand mehr unerträgliche Schmerzen aushalten muss. Der Preis für die Minderung der Schmerzen ist jedoch die Minderung des Bewusstseins, bis hin zu einem Zustand, der einer Bewusstlosigkeit gleichkommt. Die „palliative Medizin" macht es möglich. Menschen, die so etwas für sich oder für einen Angehörigen wünschen, kann man verstehen. Es gibt aber auch Menschen, die bis zuletzt wach bleiben, mit ihrer Umgebung in Kontakt sein, das Ende bewusst miterleben möchten. Sie haben darin eingewilligt, dass ihnen nur noch eine kleine Frist des Lebens geblieben ist, und sie wollen auch gar nicht eine Verlängerung dieses elenden Lebens. Sie haben eine Verfügung getroffen, dass man bei ihnen auf lebensverlängernde Maßnahmen verzichtet, denn: Eine Pflicht zu leben gibt es nicht. Sie möchten aber nicht „abgeschossen" werden. Sie möchten mit ihren Angehörigen kommunizieren, ihre Hand spüren, sie sogar noch trösten, sie aber auch bitten, man möge sie doch nicht als Last ansehen.

Beim Nachdenken über den Tod und erst recht nach dem Miterleben eines Sterbens zeigen sich unterschiedliche Verhaltensweisen. Manche Menschen suchen ein möglichst rasches Vergessen. Es wird ihnen erleichtert durch die Flucht in sinnvolle Arbeit oder in wenig sinnvolle Geschäftigkeit. Anderen Menschen wird erst einmal bewusst, dass auch ihre eigenen Tage gezählt sind. Sie stellen sich im Rückblick auf ihr Leben die Frage: „War das alles?" Verlustangst kann sich einstellen. Man könnte ja etwas verpassen; man sollte mitnehmen, was immer noch erreichbar ist, vor allem an lustvollen Erlebnissen. Und wieder andere erklären sich einverstanden mit ihrer Vergänglichkeit, mit dem unfehlbar auf sie wartenden Tod. Sie sagen sich: Millionen Jahre hat der Planet Erde, hat die Menschheit auf ihm gelebt ohne mich; so ist es das Natürlichste der Welt, dass es weitere Millionen Jahre geben wird ohne mich. Ich gehe zurück in den Schoß der Natur, aus dem ich gekommen bin.

Das ist kein neues Denken, nicht der modernen Naturwissenschaft entsprungen. Vor zweitausend Jahren schrieb der Philosoph Seneca († 65 nach Christus):

„Der Tod bedeutet Nichtsein. Was dies ist, weiß ich schon. Dies wird der Zustand nach meiner Existenz sein, wie er schon vor meiner Existenz war. Wenn darin etwas Schlimmes liegt, so muss es auch darin gelegen haben, ehe wir das Licht dieser Welt erblickten. Doch wir haben damals keinen Schmerz gefühlt. Wäre es wohl nicht töricht, glauben zu wollen, es sei schlimmer für die Lampe, wenn sie erloschen ist, als bevor sie angezündet wird? Auch wir werden angezündet und erlöschen wieder; in der Zwischenzeit empfinden wir Schmerz; vorher und nachher aber ist tiefe Ruhe."

Nahe verwandt damit sind die Gedanken Georg Christoph Lichtenbergs († 1799):

„Die wenigsten Menschen haben wohl recht über den Wert des *Nichtseins* gehörig nachgedacht. Unter Nichtsein nach dem Tod stelle ich mir den Zustand vor, in dem ich mich befand, ehe ich geboren ward. Es ist eigentlich nicht Apathie, denn die kann noch gefühlt werden, sondern es ist gar nichts. Ge-

Wie Sterben erfahren wird

rate ich in diesen Zustand – wiewohl hier die Wörter *ich* und *Zustand* gar nicht mehr passen; es ist, glaube ich, etwas, das dem ewigen Leben völlig das Gleichgewicht hält. *Sein* und *Nichtsein* stehen einander, wenn von empfindenden Wesen die Rede ist, nicht entgegen, sondern *Nichtsein* und *höchste Glückseligkeit*. Ich glaube, man befindet sich gleich wohl, in welchem von beiden Zuständen man ist. Sein und *abwarten*, seiner Vernunft gemäß handeln, ist unsere Pflicht, da wir das Ganze nicht übersehen."

Ungläubige Menschen, Skeptiker, Atheisten, können auch ohne Glauben und ohne Hoffnung über den Tod hinaus gelassen ihrem Ende entgegensehen. Ein Gedicht von Bert Brecht stehe dafür als Beispiel:

Als ich im weißen Krankenzimmer der Charité
Aufwachte gegen Morgen zu
Und die Amsel hörte, wußte ich
Es besser. Schon seit geraumer Zeit
Hatte ich keine Todesfurcht mehr. Da ja nichts
Mir je fehlen kann, vorausgesetzt
Ich selber fehle. Jetzt
Gelang es mir, mich zu freuen
Alles Amselsangs nach mir auch.

Von andern, von Philosophen, Dichtern und Schriftstellern (Martin Heidegger, Jean Améry, Ernst Meister u. a.) ließen sich bis zur Gegenwart ähnliche Zeugnisse anführen: Ein nachdenklicher, aufgeklärter Mensch fürchtet sich nicht davor, eines Tages nicht mehr da zu sein.

Eine solche Auffassung befindet sich im Gegensatz zu der philosophischen Überzeugung von der Unsterblichkeit der Menschen und zu der Hoffnung des Glaubens an ein ewiges Leben. Man kann nicht wissen, wie viele Menschen der Meinung anhängen, es komme „nichts mehr hinterher". Gewiss finden sich darunter auch Menschen, die durchaus gläubig sind. Selbst wer nicht hofft, den Tod zu überleben oder sogar in eine himmlische Heimat zu gelangen, auch ein solcher Mensch kann dem unbegreiflichen Schöpfer-Gott danken für das Geschenk des Lebens und für dessen gute Gaben, die er möglicherweise mit frohem Herzen genießen kann. Gerade weil das Leben so begrenzt ist, darum ist es so kostbar. Diese Betrachtung gilt insbesondere im Gedanken an einen geliebten Menschen. Wer sich schmerzlich sagt, es gebe nach dem letzten Abschied kein Wiedersehen mehr, der wird die Tage und Wochen des Zusammenseins anders schätzen und gestalten als in der weit verbreiteten Gedankenlosigkeit.

In der Bibel, dem schriftlich festgehaltenen Wort Gottes, bezeugt das Buch Kohelet eine solche Auffassung. Zwei Passagen aus diesem Buch seien zitiert:

Ich dachte bei mir selbst:
Der Menschenkinder wegen,
sie zu prüfen,
hat Gott es so gefügt, damit sie sehen,
dass sie nicht mehr sind als das Tier.
Denn das Geschick der Menschenkinder
Ist gleich dem Geschick des Tiers;
ein Geschick haben sie beide.
Wie dieses stirbt,
so sterben auch jene,
und einen Odem haben sie alle.
Der Mensch hat vor dem Tier keinen Vorzug.
Denn alle gehen an einen Ort;
alle sind sie aus Staub geworden,
und alle werden sie wieder zu Staub.
Wer weiß, ob der Odem der Menschenkinder emporsteigt,
der Odem des Tieres aber hinabfährt zur Erde?
Und so sah ich: Es gibt nichts Besseres,
als dass der Mensch fröhlich sei bei seinem Tun;
das ist sein Teil.

Wie Sterben erfahren wird

Denn wer will ihn dahin bringen, sich zu freuen
an dem, was nach ihm sein wird? (3,16–22)

Wer noch zu der Schar der Lebenden gehört,
der hat noch etwas zu hoffen;
denn ein lebender Hund
ist besser als ein toter Löwe.
Die Lebenden wissen doch, dass sie sterben müssen,
die Toten aber wissen gar nichts,
sie haben auch keinen Lohn mehr;
denn ihr Andenken ist vergessen.
Auch ihr Lieben und Hassen und Neiden ist längst dahin,
und sie haben an nichts mehr teil von allem,
was unter der Sonne geschieht.
Geh, iss mit Freuden dein Brot
und trink deinen Wein mit fröhlichem Herzen;
denn längst hat Gott dein Tun gebilligt.
Trage allezeit weiße Kleider
und lass deinem Haupt das Öl nicht mangeln.
Genieße das Leben mit der geliebten Frau
alle die Tage des flüchtigen Daseins,
das dir verliehen ist unter der Sonne;
denn das ist dein Teil am Leben
und für die Mühe,
womit du dich abmühst unter der Sonne.
Alles, was du tun kannst,
das tue nach deinem Vermögen;
denn in der Unterwelt,
wohin du gehst, gibt's nicht Schaffen noch Planen,
nicht Erkenntnis noch Weisheit mehr (9,4–10).

Warum denn der Tod?

Unter den vielen Wissenschaften, die sich mit dem Tod beschäftigen, ist die Biologie eine der wichtigsten. Heute sieht sie vielfach, wenn auch nicht bei allen ihren Vertretern, den Tod im Zusammenhang mit der Evolution (Entwicklung) des Lebendigen. Diese Evolution, heißt es in der Biologie, zielt auf das Hervorbringen von Nachkommen, um das „Erbgut" zu erhalten. Dieses Ziel wird nur erreicht, wenn die Nachkommen selbständig geworden sind. Sind sie das aber geworden, dann sind die Erzeuger („Eltern") entbehrlich. Würden sie nicht Platz machen durch ihr Verschwinden, dann würde der Lebensraum der Nachkommen immer enger. Auf Menschen bezogen würde das heißen, die Nachkommen hätten immer weniger Möglichkeiten zum Lebenserhalt (Arbeit, Beruf, Nahrung usw.). Daher sei der Tod der älteren Generation sinnvoll als Platzmachen für die eigenen Nachkommen und im weiteren Sinn für andere Menschen überhaupt. So würde der Planet Erde, auf dem allein es nach bisheriger Erkenntnis menschliches Leben gibt, vor Übervölkerung geschützt.

In dieser Sicht wäre der Alterstod, dessen Ursachen Biologie und Medizin erforschen, ein notwendiger Vorgang in der Natur, es wäre ein „natürlicher Tod". Um ihn kümmert sich auch die Gesellschaftswissenschaft: In humanen Gesellschaften müssten alle nur denkbaren Anstrengungen unternommen werden, um möglichst vielen Menschen zu einem „natürlichen Tod" in möglichst hohem Alter zu verhelfen.

In dieser Sicht würde der „natürliche Tod" durch Erschöpfung der Regenerationsfähigkeiten des Kreislaufs und des Gehirns herbeigeführt. Als „natürlichen Tod" in diesem Sinn könnten die todbringenden Krankheiten lebenswichtiger Organe oder tödliche „Entgleisungen" im System (Krebs, AIDS usw.) eigentlich nicht mehr bezeichnet werden.

Warum denn der Tod?

Ein „unnatürlicher Tod" wäre der Tod, der durch äußere Einwirkung herbeigeführt wird, durch menschliche Gewalttaten, durch Fehlverhalten (Verkehrsunfälle), Selbsttötung oder durch Naturkatastrophen. Im Zusammenhang mit dem „unnatürlichen Tod" wird auch über Vorformen des Todes nachgedacht, zum Beispiel über Arbeitslosigkeit, gesellschaftliche Ausgrenzung (zum Beispiel Rassendiskriminierung) oder auch Verweigerung von Anerkennung.

Diese verschiedenen Sichtweisen des Todes haben erhebliche Rückwirkungen auf den religiösen Glauben. Wer an einen Gott als Schöpfer des Universums, als Urheber aller Dinge glaubt, der wird zunächst diesem Gott die Verantwortung für den Tod zuschreiben. Nicht für den Tod in jeder Hinsicht, denn der Tod durch Krieg und andere Gewalttaten, der Tod durch Leichtsinn und Gedankenlosigkeit, der Tod durch Missbrauch geschaffener Güter (zum Beispiel durch Alkohol oder Tabak), für alle diese Todesarten sind Menschen verantwortlich. Sie haben ihre Freiheit missbraucht. Allerdings kann an den Schöpfergott die Frage gerichtet werden: Warum sind Menschen mit dieser furchtbaren Freiheit begabt?

Ist Gott der Herr auch über die Evolution, dann stellt sich ebenfalls eine tief gehende Warum-Frage. Sterben und Tod sind, im Hinblick auf den Prozess der Entwicklung, das von ihm vorherbestimmte Schicksal alles Lebendigen. Warum kann das Ende des einzelnen Lebens nicht sanfter erfolgen? Warum gibt es, wenn Gott wirklich die Evolution beherrscht, so furchtbare „Entgleisungen" wie Krebs, AIDS usw.?

Christen befragen die Heilige Schrift, das Dokument göttlicher Offenbarung, nach Antworten. Leider begegnen hier wie auch in anderen Fällen der Nachfrage in der Bibel widersprüchliche Auffassungen.

Warum denn der Tod?

Eine Antwort führt das Sterbenmüssen der Menschen auf die Sünde, auf rebellisches, anmaßendes Verhalten gegenüber der Weisung Gottes zurück. Diese Antwort setzt „am Anfang" ein, als Gott den Paradiesgarten für die Menschen bereitet habe. Damals habe Gott zum ersten Menschen gesagt: „Von allen Bäumen im Garten darfst du essen; nur von dem Baum der Erkenntnis des Guten und des Bösen, von dem darfst du nicht essen; denn sobald du davon isst, musst du sterben" (Genesis 2,16f.). Nach der Erzählung vom „Sündenfall" trat die Schlange – die ja auch dem Willen des Schöpfergottes untertan sein musste – als Verführerin des ersten Menschenpaares auf: Nicht Sterben werde die Folge der Übertretung sein, sondern beide würden sein wie Gott und erkennen, was gut und böse ist, so lautete die Verheißung der Schlange. Die Folgen des ersten menschlichen Fehltritts werden unterschiedlich für Frau und Mann beschrieben. Zum Mann habe Gott gesagt: „Im Schweiß deines Angesichts sollst du dein Brot essen, bis du wieder zur Erde kehrst, von der du genommen bist; denn Erde bist du, und zur Erde musst du zurück" (Genesis 3,19). Dieses „Urteil" klingt nicht wie die Verhängung einer Strafe; es lautet vielmehr so, als habe Gott damit einen Hinweis auf natürliches Werden und Vergehen gegeben, ähnlich wie es die heutige Biologie sieht. Aber Gott spricht als der Verantwortliche auch für das Sterbenmüssen.

Der Apostel Paulus geht in seinen Briefen nachdrücklich auf den *einen* männlichen Menschen ein, durch den der Tod in die Schöpfung gekommen sei:
„Christus ist von den Toten auferweckt worden als der Erste der Entschlafenen.
Da nämlich durch *einen* Menschen der Tod gekommen ist, kommt durch *einen* Menschen auch die Auferstehung der Toten.
Denn wie in Adam alle sterben, so werden in Christus alle lebendig gemacht werden" (1. Korintherbrief 15,20ff.).

Warum denn der Tod?

Noch deutlicher stellt er im Römerbrief, in unvollendeten Sätzen, den Zusammenhang her zwischen der Sünde „Adams" und dem Tod:
„Gleichwie durch *einen* Menschen die Sünde in die Welt gekommen ist und durch die Sünde der Tod und so der Tod auf alle Menschen übergegangen ist, weil sie alle gesündigt haben (...)" (5,12). „Wenn durch des *einen* Übertretung die vielen gestorben sind, so ist noch viel mehr Gottes Gnade und Gabe durch die Gnade des *einen* Menschen Jesus Christus den vielen reichlich zuteil geworden" (12,15). Diesen Gedanken wiederholt Paulus noch mehrfach.

Müssen also wir alle sterben, weil der eine erste Mensch „Adam" gesündigt hat? Es gab viele Generationen von Christen, die sich bei einem solchen Gedanken nichts dachten, die sich vielmehr, vielleicht manchmal etwas resigniert und traurig, dem vermeintlichen Willen Gottes unterordneten. Heute denken nachdenkliche Christen nicht mehr so. Es gibt Hinweise der Naturwissenschaften, dass bereits Jahrmillionen vor dem Auftreten der ersten Menschen der Tod alles Lebendigen in der Schöpfung vorgesehen war. Weiter wird von der Wissenschaft geltend gemacht, dass ein einzelnes Menschenpaar unter den extrem harten Bedingungen der Urzeit keine Chance zum Überleben gehabt hätte. Was wir „Menschwerdung" des Menschen (oder wissenschaftlich „Hominisation") nennen, das müsste aller Wahrscheinlichkeit nach in ganzen Menschengruppen („Populationen") erfolgt sein.

Die Bibelwissenschaft hat die Eigenart der biblischen Erzählungen von Paradies und Sündenfall erkannt. Zusammenfassend schreiben 2006 Paul Deselaers und Dorothea Sattler:
„In allen altorientalischen Völkern wurden Urzeitgeschichten erzählt. Sie beanspruchen nicht, historische Gegebenheiten zu berichten, sie wollen vielmehr eine Deutung der Gegenwart vornehmen. Sie erzählen etwas, was niemals war und immer ist. Sie über-

Warum denn der Tod?

liefern Menschheitserfahrungen in Gestalt von Vorkommnissen, die niemals im historischen Sinn passiert sind, sondern sich in jeder Zeit als wieder wahr erweisen. Urgeschichten erzählen nicht Einmaliges, sondern Allmaliges als Erstmaliges (Erich Zenger). Der erzählerische Rückgang in die Anfänge verspricht, das gegenwärtig Erfahrene auf seinen Grund zurückführen zu können. Die Sündenfallerzählungen sind als solche Urzeitgeschichten zu verstehen. Es entspricht daher nicht ihrem Sinn, Adam und Eva, Kain und Abel oder Noach als Menschen zu betrachten, die irgendwann einmal gelebt hätten. Es handelt sich also bei ihnen um Erzählfiguren, die ermöglichen sollen, dass die Hörenden sich selbst mit ihrem deutungsbedürftigen Leben in ihnen wiedererkennen."

Diese Sicht wird durch eine weitere Erkenntnis unterstützt. Der KirchenvaterAugustinus († 430) las in seiner lateinischen Bibel im Römerbrief 5,12, „in" Adam hätten alle Menschen gesündigt („in quo omnes peccaverunt"). Er dachte also mit den Kenntnissen seiner Zeit, im Samen eines ersten Mannes, Adam, sei die ganze spätere Menschheit eingeschlossen gewesen und durch den Ungehorsam Adams sündig geworden. So entstand seine Theologie der „Erbsünde". Aber dieses „in" war eine falsche Übersetzung des griechischen Urtextes, der so lautete wie oben zitiert: „weil alle gesündigt haben".

Dem entspricht die neuere Erkenntnis, dass „Sünde" etwas ist, was ein Mensch bewusst und frei tut und was er vor Gott und vor den Menschen zu verantworten hat. So etwas kann man sich nicht einfach zuziehen, ohne dass man etwas davon weiß. Eine Sünde kann man nicht „erben". Die kirchliche Lehre von der „Erbsünde" (dieses missverständliche Wort gibt es nur im Deutschen) meint also mit Paulus: alle (erwachsenen) Menschen sind vor Gott nicht so, wie sie sein sollten. Paulus hat das mit dem alten mythologischen Bild vom Sündenfall eines ersten Menschen im Paradies illustriert.

Warum denn der Tod?

Mit diesen Einsichten ist aber die alte Auffassung, alle Menschen müssten wegen Adams Sünde sterben, nicht aus der Welt. Damit erhebt sich die ganz ernsthafte Frage nach dem Gottesbild, ganz ernsthaft deswegen, weil mehrere Antworten möglich sind und weil gläubige Menschen sich für eine Antwort entscheiden müssen, denn zwei Antworten können nicht gleichzeitig wahr sein. Ist der Gott der biblischen Offenbarung ein Gott, der alle Menschen für die Tat eines einzigen bestraft, und zwar mit einer Kollektivstrafe, die maßlos und maßlos grausam ist, die alle Verhältnismäßigkeit vermissen lässt? Bisher scheint alles auf die Antwort hinauszulaufen, dass der Schöpfergott den Tod gewollt hat, sei es als naturgegebenes Schicksal des Lebendigen, sei es als Strafe für die Sünde.

Nun hält die Bibel jedoch noch eine andere Auffassung als Antwort bereit. Im „Buch der Weisheit" heißt es:
„Gott hat den Tod nicht gemacht
und hat keine Freude am Untergang der Lebenden.
Zum Dasein hat er alles geschaffen,
und heilbringend sind die Geschöpfe der Welt.
Kein Gift des Verderbens ist in ihnen,
das Reich des Todes hat keine Macht auf der Erde;
denn die Gerechtigkeit ist unsterblich.
Gott hat den Menschen zur Unvergänglichkeit erschaffen
und ihn zum Bild seines eigenen Wesens gemacht.
Doch durch den Neid des Teufels kam der Tod in die Welt,
und ihn erfahren alle, die ihm angehören"
(Weisheit 1,13–15; 2,23–24).

Dieser Text des Alten Testaments ist schwer zu verstehen, wenn man auf die Realitäten des Sterbens und des Todes schaut, die man tagtäglich erfahren kann. Ganz offensichtlich sind die Menschen in bestimmter Hinsicht eben doch dem Verderben und der Vergänglichkeit ausgeliefert. Was man in der christlichen Tradition dazu gedacht hat, das soll im nächsten Kapitel zur Sprache

Warum denn der Tod?

kommen. Hier wird eine neue Größe genannt, die imstande war, das Leben in der guten Schöpfung Gottes durch den Tod auszulöschen: der Teufel. Man darf sich unter der Figur des Teufels nicht das vorstellen, was die Volksfrömmigkeit daraus gemacht hat, eine Spukgestalt mit Hörnern, Bockfüßen und Schwanz. Der Text sagt, was zum Teufel gehört: das Reich des Todes. Dieses Reich befindet sich in radikaler Gegnerschaft zu dem Gott, der Liebhaber des Lebens und der Menschen ist.

Diese Sicht tritt überraschender Weise schon im allerersten Kapitel der Bibel an den Tag (Genesis 1,1–5). Paul Deselaers und Dorothea Sattler weisen darauf hin, dass nach diesem Bibeltext der Schöpfergott am Anfang aller Dinge nicht allein ist. Gleichzeitig mit ihm sind die bösen Todesmächte da:

„Gottes Schöpfungshandeln setzt mit der Erschaffung des Lichts den gravierenden Einschnitt. Denn indem Gott das Licht aufruft, überwindet er die Todesmächte und bindet sie in die Ordnung der ganzen Welt und der Zeit ein. Die Todesmächte werden benannt: die Tohuwabohu-Erde als lebensfeindliche Welt, die wüst und leer ist; die Finsternis als Leben verhindernder, todbringender Zustand; der Abgrund beziehungsweise die Flut als verschlingende Todesmacht: die Wasser als ungebändigte und alles überflutende Chaosmächte. Von Anfang an tritt Gott aller Finsternis und allem Grauen entgegen und weist es in Grenzen."

Der Schöpfergott der Bibel sieht sich von allem Anfang an in den Kampf mit den lebensfeindlichen Todesmächten verstrickt. Woher kommen sie? Darauf antwortet die Bibel nicht. Sie geht aber davon aus, dass dieser Kampf Gottes weitergeht bis ans Ende der Welt, von dem es heißt: „Als letzter Feind wird der Tod zunichte gemacht" (1. Korintherbrief 15,26). Dieser Feind sucht, solange die Menschengeschichte dauert, Menschen auf seine Seite zu ziehen, solche, „die ihm angehören." Aber auch Gott sucht Menschen für das Leben, für den Dienst am Leben zu gewinnen.

Warum denn der Tod?

Von da aus fällt ein deutliches Licht auf die Erzählungen im Neuen Testament von den Krankenheilungen, ja von den Totenerweckungen durch Jesus. Wären Krankheiten und Tod von Gott gewollt und geschickt, wie könnte Jesus sich anmaßen, gegen den Willen seines Vaters anzukämpfen? In Wirklichkeit steht er ganz und gar auf der Seite seines Vaters im Kampf gegen die lebensfeindlichen Mächte.

Wenn ein kranker Mensch verzweifelt fragt: „Warum hat mir Gott eine so schreckliche Krankheit geschickt?", dann wäre es vom Glauben her nicht redlich, ihn in der Meinung zu bestärken, dass Gott Leiden zur Prüfung oder zur Strafe schickt. Die Antwort sollte in die Richtung gehen: Es gibt in der Natur Kräfte, die fortwährend am Werk sind, Gottes Schöpfung zu zerstören. Diesen lebensfeindlichen Kräften muss man widerstehen, so lange es geht. Und wenn es nicht mehr geht, sollte man sich Gott anvertrauen, der am Ende Sieger bleiben wird.

Geschaffen zur Unsterblichkeit?

Wollen Menschen wirklich ewig leben? Wenn man so fragt, dann schwingt bei dem Wort „ewig" unwillkürlich die Vorstellung von endloser Dauer mit: Wollen Menschen wirklich, dass ihr Leben, so wie bekannt, endlos weitergeht? Schriftsteller haben ausgemalt, wie trostlos ein endlos fortdauerndes Leben sein müsste. Wäre es leichter, sich ein solches Dauerleben vorzustellen, eintönige Wiederholung des immer Gleichen, leichter, als sich das völlige Aufhören des Lebens, das Versinken ins Nichts auszudenken?

Seit wir schriftliche Zeugnisse der Menschheit haben, finden wir die Überzeugung: Das Leben eines Menschen geht im Tod nicht völlig zugrunde. Und wo keine schriftlichen Zeugnisse vorliegen, da sprechen Dinge, die man den Toten ins Grab mitgab, Speisen und Getränke, Schmuck und Waffen, für die feste Erwartung, dass „etwas" nach dem Tod kommen wird.

Aber wie soll man sich das vorstellen? Wer sich etwas vorstellt, der macht sich ein Bild. Das Bild sagt, was eigentlich gemeint ist. Die frühesten uns bekannten Vorstellungen vom Leben der Toten schildern dieses Fortleben als eine trostlose Angelegenheit. Der Leib ist im Grab vergangen, vielleicht von Tieren aufgegessen oder je nach den Sitten verbrannt worden. Alltägliche Anschauungen führten die Menschen zu dem Wissen: Der menschliche Leib ist für eine Unsterblichkeit nicht geeignet. Die Menschen aber leben weiter; die bildliche Vorstellung sagt: als graue Schatten. Trostlos ist ihr Leben, weil alle Freuden des irdischen Daseins fehlen, und weil niemand da ist, der ihnen „dort" Freude bereiten würde. So dachten, Hunderte von Jahren vor Christus, die Menschen in den Kulturkreisen, aus denen sich später unsere abendländische Kultur nährte, die Menschen, die damals im heutigen Nahen und Mittleren Osten und im Mittelmeerraum lebten. Zu ihnen gehörten auch die Menschen unseres Alten Testaments.

Geschaffen zur Unsterblichkeit?

Andere Arten des Fortlebens wurden in diesen Kulturräumen und so auch in Israel erhofft, nämlich ein Fortleben in den Nachkommen und ein Fortleben im ehrenvollen Andenken. Dass diese Arten keine eigentliche Unsterblichkeit darstellen und dass sie außerdem in erster Linie nur Männern gelten, liegt auf der Hand. Das Fortleben als graue Schatten galt nicht als Strafe. Die Unterwelt, Heimat der Toten (griechisch Hades, hebräisch Scheol, lateinisch Orcus) wurde nicht als Hölle aufgefasst. Dennoch war das Schicksal grausam, so ohne Ende fortdauern zu müssen. Das Schlimmste für gläubige Israeliten war die Vorstellung, im Tod sei die Lebensbeziehung zum Gott der Väter zerbrochen. Es gibt Stellen in den Psalmen, dem Gebetbuch Israels und Jesu von Nazaret, die Gott beschwörend auf dieses Unglück hinweisen:

Im Tod gedenkt man deiner nicht,
wer will in der Unterwelt dich preisen?
(Psalm 6,6)
Wirst du an den Toten Wunder tun?
Können Schatten aufstehen,
dich zu preisen?
Wird deine Gnade im Grab verkündet
und deine Treue im Abgrund?
Werden deine Wunder in der Finsternis kund,
dein Heil im Lande des Vergessens?
(Psalm 88,11–13)
Die Toten preisen den Herrn nicht,
keiner von allen,
die zur Stille hinabgefahren
(Psalm 115,17).

Die Unterwelt der grauen Schatten erschien gläubigen Israeliten wie ein Beweis für den Sieg der lebensfeindlichen Chaosmächte, die von Anfang an dem lebensbejahenden Gott widerstanden. Das Gottesvolk Israel suchte und fand jedoch Wege, um die Trostlosigkeit der Unterwelt zu überwinden. Der Glaube sagte

Geschaffen zur Unsterblichkeit?

ihm: Die Macht seines Gottes endet nicht an der Grenze des Totenreiches – sie endet nicht an Sterben und Tod. Wichtige Texte dazu sind ebenfalls in den Psalmen erhalten. Sie zeigen, wie notwendig das liebende, vertrauende Verhältnis des einzelnen Menschen zu seinem Gott für eine Hoffnung über den Tod hinaus ist:

Ich habe den Herrn beständig vor Augen.
Der steht mir zur Rechten. Ich wanke nicht.
Darum freut sich mein Herz und frohlockt meine Seele;
auch mein Leib wird wohnen in Sicherheit.
Denn du gibst mich nicht der Unterwelt preis,
du lässt deinen Frommen das Grab nicht schauen
(Psalm 16,8–10).
Denn man sieht Weise sterben;
genauso gehen Tor und Narr zugrunde,
sie müssen andern ihren Reichtum lassen.
Das Grab ist ihr Haus auf ewig,
ist ihre Wohnung für immer,
ob sie auch Länder nach ihrem Namen benannten.
Der Mensch bleibt nicht in seiner Pracht;
er gleicht dem Vieh, das verstummt.
So geht es denen, die auf sich selbst vertrauen,
und so ist das Ende derer, die sich in großen Worten gefallen.
Der Tod führt sie auf seine Weide wie Schafe,
sie stürzen hinab zur Unterwelt.
Geradewegs stürzen sie hinab in das Grab,
ihre Gestalt zerfällt, die Unterwelt wird ihre Wohnstatt.
Doch Gott wird mich loskaufen aus dem Reich des Todes,
ja, er nimmt mich auf
(Psalm 49,11–16).
Ich aber bleibe immer bei dir,
du hältst mich an meiner Rechten.
Du leitest mich nach deinem Ratschluss

Geschaffen zur Unsterblichkeit?

und nimmst mich am Ende auf in Herrlichkeit.
Was habe ich im Himmel außer dir?
Neben dir erfreut mich nichts auf der Erde.
Auch wenn mein Leib und mein Herz verschmachten,
Gott ist der Fels meines Herzens
und mein Anteil auf ewig
(Psalm 73,23–26).

Vertrauensvoll auf das Überleben des Todes an der Hand Gottes hoffen, diese Sicht „über das Grab hinaus" ist einzigartig in der antiken Kulturwelt. Aber – wie war das „Ich" zu denken oder vorzustellen, das an der Hand Gottes dem Tod entkommt, während doch der Erdenleib zugrunde geht?

Unsterbliche Seele?

Trennen sich im Tod Leib und Seele von einander? Was heißt das überhaupt: Seele? Die Seele kann man sehen, im Blick der Augen, in den Gesichtszügen, in der ganzen Körpersprache. Wie kommt das? Und was geschieht dann im Tod?

Vorsicht: Philosophie! Wenn man wissen will, wie es zu einem typisch christlichen *Denken* über den Tod hinaus kam, muss man sich einen Moment mit dem Problem beschäftigen, dass man lange Zeit und besonders im katholischen Raum an der „natürlichen" Unsterblichkeit der menschlichen Seele festhielt.

Ein Weg, hoffend über den Tod hinaus zu denken, wurde mehrere Jahrhunderte vor Jesus Christus von griechischen Philosophen beschritten. Sie sahen die menschliche Seele als unsterblich an und gelangten damit zu großem Einfluss im Christentum. Die hauptsächliche Begründung der Unsterblichkeit lag in der Auffassung: die Seele ist etwas Geistiges und sie ist einfach, in keiner Hinsicht zusammengesetzt, und nur das Zusammengesetzte, so wie der Leib ist, muss sterben.

Die komplizierte Vorgeschichte des griechischen Denkens muss hier nicht zum Thema werden. Eine entscheidende Etappe stellt die Seelenauffassung in der Schule des griechischen Philosophen Platon († 347 vor Christus) dar. Diese Schule wandte sich gegen die volkstümlichen Anschauungen vom Jenseits und ebenso gegen eine weit verbreitete Meinung, *wirklich* sei nur dasjenige, was der sinnenhaften Erfahrung zugänglich ist. *Wirklich* war für dieses erneuerte, aufgeklärte Denken in erster Linie das Reich der ewigen, geistigen *Ideen,* unter denen die ewige, geistige Idee der Gerechtigkeit den ersten Platz einnahm.

Diese ewigen Ideen stellten den Maßstab für menschliches Verhalten und gleichzeitig das ewige Ziel des Menschen dar. In diesem Rahmen, Verpflichtung der Gegenwart und Erwartung

Unsterbliche Seele?

der Zukunft, wird nun über die menschliche Seele nachgedacht. Unter „Seele" („Psyche") versteht man in der Schule Platons das *geistige Selbst* des Menschen. Es ist zur Bewährung in den Körper gleichsam wie in ein Gefängnis oder in ein Grab hineingebannt. Die Bewährung besteht in erster Linie darin, den Körper, seine Sinnlichkeit und die daraus entstehenden Antriebe zu beherrschen und das gesellschaftliche wie das individuelle Leben entsprechend den ewigen, geistigen Ideen zu gestalten. Der Tod ist die Befreiung des geistigen Selbst des Menschen aus diesem Gefängnis oder Grab; es ist unsterblich wie die ewigen Ideen und erwartet nach dem Tod ein unterschiedliches Geschick, je nach dem, wie die Bewährung im Leben bestanden wurde.

Manchmal kam es in der platonischen Auffassung von der Seele zu einer Geringschätzung des Leibes und der materiellen Welt. Die Versuchung lag nahe, den Leib als den Sitz des Bösen, als Quelle unzähliger Versuchungen und die Welt als Gegnerin der lichten, ewigen Ideen anzusehen. In diesem Fall spricht man von „Dualismus" (Lehre von einer qualitativ völlig verschiedenen Zweiheit). Er ist jedoch im Denken Platons nicht begründet, wenn es dort auch zweifellos dualistische Tendenzen gibt. Nach dem ursprünglichen, nicht verfälschten platonischen Denken muss die ewige Idee der Gerechtigkeit im Leben der Gesellschaft und des einzelnen Menschen in größtmöglichem Maß verwirklicht werden. Der einzelne Mensch muss alles Versagen gegenüber der Gerechtigkeit nach dem Tod verantworten – die Seele, sein geistiges Selbst, ist unsterblich. Damit ist das Leben, in dem sich diese Entscheidung vollzieht, nicht völlig abgewertet.

Platons Schüler Aristoteles († 322 vor Christus) bemühte sich, die Auffassung von der Seele zu vertiefen und zu ergänzen. Er geht aus vom Denken der Bewegung oder der Entwicklung vom Unbelebten zum vergänglichen Lebendigen. Dieses letztere steht wiederum unter dem Antrieb der dominierenden Idee des Guten und tendiert dadurch dahin, zu Gott aufzusteigen. Gott ist

Unsterbliche Seele?

in dieser Philosophie die rein geistige, ewig sich selber denkende Wirklichkeit. Das Nicht-Göttliche wird als Seiendes verstanden, das eben deswegen, weil es seiend ist, am göttlichen Sein auf seine eigene, begrenzte Weise einen gewissen Anteil hat. Es kann also auf keinen Fall abgewertet, nur negativ beurteilt werden. „Seele" ist das Prinzip, das heißt eine geistig wirkende Größe, die das Materielle gestaltet. Der erwähnte Aufstiegsprozeß des Nicht-Göttlichen vollzieht sich für Aristoteles nun dadurch, dass die Seele in einer gestuften Weise existiert:
- Die Seele der Pflanzen wird tätig in deren Ernährung.
- Die Seele der Tiere hat Empfindungen, sie ist aktiv im Begehren und in den Initiativen zu örtlicher Bewegung.
- Die Seele der Menschen ist tätig durch das Denken; sie beherrscht die mannigfachen menschlichen Möglichkeiten und stellt so das Einheitsprinzip des Menschen dar. Im Unterschied zur Pflanzen- und Tierseele ist die Menschenseele unsterblich.

Es ist wohl verständlich, dass auf der Basis dieses Denkens die Theorie aufkam: Der Tod ist die Trennung der Seele vom Leib. Während der materielle Leib im Tod zugrunde geht, gelangt die geistige, unsterbliche Seele in eine „jenseitige" geistige Welt.

In Spuren findet sich diese Sicht auch in der Bibel, als Ergebnis der Begegnung von hebräischem und griechischem Denken. Die älteren Texte des Ersten Testaments sprechen nicht von Seele, sondern von „Lebensatem", den Gott gibt (den er nach Genesis 2,7 in die Nase des Menschen „einbläst") und im Tod wieder an sich nimmt, ohne dass der Verstorbene ganz zu leben aufhörte: er lebte ja als beziehungsloser grauer Schatten weiter. Psychische Regungen entstehen in unterschiedlichen Organen (Herz, Nieren), die im Tod zugrunde gehen. Im viel jüngeren „Buch der Weisheit" tritt dagegen der griechische Begriff für „Seele" auf:

Unsterbliche Seele?

„Die Seelen der Gerechten sind in Gottes Hand, und keine Qual kann sie berühren. In den Augen der Toren sind sie gestorben, ihr Heimgang gilt als Unglück, ihr Scheiden von uns als Vernichtung, sie aber sind in Frieden. In den Augen der Menschen wurden sie gestraft, doch ihre Hoffnung ist voll Unsterblichkeit. Ein wenig nur werden sie gezüchtigt, doch sie empfangen große Wohltat. Denn Gott hat sie geprüft und fand sie seiner würdig. Wie Gold im Schmelzofen hat er sie erprobt und sie angenommen als ein vollgültiges Opfer. Beim Endgericht werden sie aufleuchten wie Funken, die durch ein Stoppelfeld fahren. Sie werden Völker richten und über Nationen herrschen, und der Herr wird ihr König sein in Ewigkeit. Alle, die auf ihn vertrauen, werden die Wahrheit erkennen, und die Treuen werden bei ihm bleiben in Liebe" (3,1–9).

Auch im Neuen Testament finden sich Spuren des griechischen Seelenbegriffs:

„Fürchtet euch nicht vor denen, die den Leib töten, die Seele aber nicht töten können, sondern fürchtet euch vor dem, der Seele und Leib ins Verderben der Hölle stürzen kann" (Matthäusevangelium 10,28).

Die mittelalterlichen Theologen haben bei ihren täglichen Meditationen die ganze Bibel immer wieder durchdacht, und sie haben ja gleichzeitig das geistige Erbe aus grauer Vorzeit studiert. Durch die Araber in Spanien wurden die Texte der griechischen Philosophie nach Jahrhunderten wieder ans Licht gehoben. So ist es nicht verwunderlich, dass die Theologen eine innere Verwandtschaft der Seelen-Philosophie des Aristoteles mit den biblischen Seelen-Texten feststellten. Der bedeutendste mittelalterliche Theologe Thomas von Aquin († 1274), trug auf dieser Basis eine Seelen-Lehre vor, die Gemeingut im katholischen Glauben wurde.

Die Grundlage des katholischen Denkens über die Seele ist die Unterscheidung zwischen dem Seienden und dem realen „Seins-

Unsterbliche Seele?

prinzip". Das ist nicht schwer zu verstehen. Das Seiende ist auf der einen Seite mannigfaltig in seinen verschiedenen Teilen, Merkmalen und Dimensionen. Auf der anderen Seite erscheint es uns, die wir es betrachten, als ein eines und ganzes. Durch diese Beobachtung kam die mittelalterliche Theologie dazu, von *einem Wesen* und *einer Existenz* dieses Seienden zu sprechen. Diese Einheit-in-Mannigfaltigkeit muss einen Grund haben, der gleichzeitig die Einheit des Seienden und die Mannigfaltigkeit seiner Eigentümlichkeiten garantiert. Die Grund heißt in der mittelalterlichen Theologie „Seinsprinzip". Nach der katholischen Tradition ist die Seele ein Seinsprinzip des Menschen, eines von zweien. Das andere Seinsprinzip ist das Materielle. Wenn man nun die Seele als eines von zwei Seinsprinzipien auffasst, dann ist damit auch gesagt, dass die Seele nicht etwas Selbständiges ist, das nur in einer „äußeren", auflösbaren Einheit mit dem Materiellen zusammengebunden wäre. Zusammen mit dem andern „Seinsprinzip", dem Materiellen, stellt die Seele *ein* Seiendes dar, den einen Menschen. Beide „Prinzipien" bilden also zusammen den *einen* Menschen in „substantieller" Einheit.

Was wir am Menschen empirisch erfahren, *alle* seine erfahrbaren Eigentümlichkeiten, ist also zutiefst von dieser substantiellen Einheit der beiden „Prinzipien" geprägt. Der menschliche Leib ist nicht bloß die materielle Seite des Menschen, sondern er ist der Ausdruck des Geistigen und Personalen, er ist spezifisch menschlicher Leib. Und das Geistig-Personale des Menschen ist auf einen Lebensvollzug im Materiellen (in Raum und Zeit, in Geschichtlichkeit, mit Anschauungen, Bildern, Worten, Begriffen, Gesten) angewiesen.

Empirisch-konkret kommt immer nur der eine ganze Mensch vor.

„Seele" heißt das geistige „Prinzip" dieses Menschseins, das es ermöglicht, dass das Materielle (Raumzeitliche) im Bewusstsein zu sich selber kommen kann, dass es sich in Verantwortung sel-

Unsterbliche Seele?

ber bestimmt und dass es sein Bestimmtsein durch das bloß Materielle „transzendiert". Das andere innere „Prinzip" des Menschen heißt Materie (Raumzeitliches, Biologisches, Gesellschaftliches usw.), die nicht dasselbe ist wie der Leib. Der menschliche Leib ist schon jenes Eine, das aus den beiden „Seinsprinzipien" Seele und Materie zusammen konstituiert ist.

Die katholische Lehre von der Unsterblichkeit der Seele ergab sich aus den Überlegungen, dass eine von Gott geschaffene echte Wirklichkeit nie einfach untergeht, sondern allenfalls zu einer neuen Existenzweise verwandelt ist; sie ergab sich ferner aus der Überzeugung, dass die Seele als geistig-personales Seinsprinzip dem bloß Materiellen eigenständig (was nicht heißt: unabhängig!) gegenübersteht und nicht nur ein Moment am Materiellen ist, so dass es nicht einfach mit einer bestimmten konkreten Erscheinungsform des Materiellen (zum Beispiel dem Gehirn) identisch wäre und mit dieser zusammen vergehen würde.

So sehr das physisch-biologische Bewusstsein des Menschen durch den Tod radikal betroffen ist: Die Individualität eines Menschen und damit die Identität seiner Lebensgeschichte hören bei Gott nicht auf zu sein. Daher spricht die katholische Lehre der Seele Unsterblichkeit zu. Sie wird in der neueren Theologie nicht als ein „Weiterleben" in der gleichen Art wie im früheren Leben gedacht. Vielmehr wird diese Unsterblichkeit als überzeitliche Vollendung dessen verstanden, was im irdischen Leben vielleicht nur keimhaft angelegt, vielleicht in fragmentarischen Freiheitsentscheidungen nur begonnen war.

Aber: Wer oder was wird vollendet? Die menschliche Seele ist nach der kirchlichen Lehre nur ein „Teilprinzip" oder eine „Teilsubstanz". Sie ist darauf angewiesen, dass sie als geistige „Form" auf eine Materie einwirken kann, sich in dieser „vollziehen", sich in dieser zum Ausdruck bringen kann. Hält man nun an der Auf-

Unsterbliche Seele?

fassung fest, im Tod trenne sich die Seele vom Leib, dann muss man die Frage beantworten, *wie* denn eine Seele für sich allein weiterexistieren könne. Sie wäre ja, vom Leib gelöst, ein „Krüppelwesen". Volkstümlich ausgedrückt wäre sie auf ein ständiges, von Gott gewirktes Wunder angewiesen; sie müsste von Gott gleichsam künstlich ernährt werden. Sie wäre in der Tat eine „Arme Seele". Ohne ihr anderes „Seinsprinzip", die Materie, müsste sie Jahrhunderte, Jahrtausende oder Jahrmillionen warten, bis sie am „Ende der Welt" wieder mit ihrem Leib vereinigt werden würde. Aber den alten Leib, der total auf Vergänglichkeit angewiesen ist, mit seinen Kreislauf- und Stoffwechselsystemen, könnte sie in der Vollendung gar nicht brauchen, wenn es keine Zeit in unserem Sinn mehr geben wird. Es gibt biblische Texte, die wenigstens Andeutungen in diese Richtung enthalten. Aus dem 2. Korintherbrief des Apostels Paulus sei ein Stück zitiert, bei dem man natürlich beachten muss, wie sich verschiedene Bilder ineinander schieben:

„Denn wir wissen, dass wir, wenn unsre irdische Zeltwohnung abgebrochen sein wird, einen Bau haben, den Gott bereitet hat, ein nicht mit Händen gemachtes, ewiges Haus in den Himmeln. Denn deshalb seufzen wir auch, indem wir uns sehnen, mit unsrer Behausung aus dem Himmel überkleidet zu werden, wenn wir doch, nachdem wir bekleidet sind, nicht nackt erfunden werden. Denn wir, die wir in dem Zelt sind, seufzen und sind bedrückt, weil wir nicht wünschen, entkleidet, sondern überkleidet zu werden, damit das Sterbliche vom Leben verschlungen werde. Der uns aber eben dazu bereitet hat, ist Gott, der uns den Geist als Angeld gegeben hat. Wir sind nun allezeit getrost und wissen, dass wir, während wir im Leib daheim sind, fern vom Herrn auf der Wanderung sind – denn im Glauben wandeln wir, nicht im Schauen –; wir sind aber getrost und haben vielmehr Lust, auszuwandern aus dem Leib und daheim zu sein bei dem Herrn" (5,1–8).

Unsterbliche Seele?

Aus der Auffassung bei Aristoteles und Thomas von Aquin, dass die Seele zu ihrer Existenz auf die Aktualisierung in der Materie angewiesen ist, dass sie also als bloße Teilsubstanz ohne Materialisierung gar nicht existieren kann, ergab sich in der neueren katholischen Theologie die Meinung, dass im Tod eine *Vollendung des ganzen Menschen* geschenkt werde. Konkret würde das bedeuten, dass nicht nur seine geistige Seele im Tod zu einem neuen Leben verwandelt würde, sondern dass auch eine verwandelte Beziehung zur Materie, sozusagen eine verwandelte Leiblichkeit, zu dieser Vollendung gehören würde. Diese Auffassung wurde in der Diskussion mit dem missverständlichen Begriff „Auferstehung im Tod" bezeichnet. Eine bessere Bezeichnung wäre „Verwandlung im Tod". Sie wirft nicht die Fragen auf, die sich von der biblischen Auferstehungs-Tradition her stellen.

Wie dem auch sei, niemand ist vom Glauben her genötigt, von „Armen Seelen" zu sprechen. Dem Leid tragenden Menschen, dem nach der Oma fragenden Kind kann vom katholischen Glauben her geantwortet werden: Der Partner, die Freundin, die Oma, sie sind bei Gott. Dabei muss nicht über die Seele als Seinsprinzip, als „geistiges Selbst", als „Ich" spekuliert werden.

Niemand ist vom Glauben her genötigt, sich auf das Seelendenken bei Aristoteles und bei Thomas von Aquin einzulassen. Karl Rahner nannte es „eine Hilfskonstruktion", und Joseph Ratzinger bezeichnete es als ein „sekundäres Gedankenmuster".

Andere Auffassungen vom Geschehen im Tod

Innerhalb des evangelischen Glaubens hat die von Aristoteles und Thomas von Aquin ausgehende Philosophie über die zwei unteilbaren Seinsprinzipien des einen Menschen nicht Fuß gefasst. Die evangelische Theologie spricht eher ohne bestimmte Philosophie von der Seele als dem Innern oder dem Selbst des Menschen, als Organ der Einsicht von Sünde und Vergebung, als Ort der Liebe und der Hoffnung. Widerspruch wird erhoben gegen die katholische Redeweise von einer „natürlichen" Unsterblichkeit der menschlichen Seele. Dadurch würde die Frage nach der Seele in das große Problemfeld von „natürlich" und „übernatürlich" hineingezogen. Ist das „Natürliche" dasjenige, was der Schöpfergott seinem Geschöpf schuldig ist, was er ihm keinesfalls, und so auch nicht im Tod, vorenthalten darf? In der Tat hat die Lehre von der natürlichen Unsterblichkeit der menschlichen Seele in der Philosophie des Idealismus des 18. und 19. Jahrhunderts zu einem „Überlebenspathos" geführt, wobei sich Menschen auch gegenüber Gott triumphierend aufführten. Die evangelische Theologie wandte dagegen mit Recht ein, in einer solchen Sicht werde die radikale Abhängigkeit des Menschen von Gott bestritten. Ein Teil der evangelischen Theologie verweist dagegen auf eine „dialogische Unsterblichkeit", da nach einem Wort Martin Luthers († 1546) derjenige Mensch, mit dem Gott geredet hat, in der Gnade oder im Zorn, in Wahrheit unsterblich ist. Dieser Hinweis ist von großer ökumenischer Bedeutung. „Dialogische Unsterblichkeit" weist von vornherein auf das Leben schenkende Verhältnis des Menschen zu Gott, neben dem es nichts rein „Natürliches" gibt, das von Gott unabhängig wäre. Man könnte den Gedanken von einer Unsterblichkeit durch den Dialog Gottes mit den Menschen ergänzen durch die Überlegung, dass Gottes heiliger Geist Besitz ergriffen hat vom Menschen (Römerbrief 5,5), und dass dieser Geist, der Lebendigmacher, den Menschen, in dem er wohnt, nie verlassen wird.

Andere Auffassungen vom Geschehen im Tod

Die unterschiedlichen Auffassungen auch bei Christen von dem, was im Tod geschehen wird, sind nicht verwunderlich, weil die Quelle des christlichen Glaubens, die Bibel, nicht eindeutig über dieses Geschehen spricht und so Raum lässt für unterschiedliche Erklärungen. So kommt es, dass manche Christen von einem Schlafen der Toten in den Gräbern bis zum Jüngsten Tag überzeugt sind. In einem sehr alten Text des Neuen Testaments, im 1. Brief des Apostels Paulus an die Gemeinde in Thessalonich, heißt es:

„Der Herr selbst wird unter einem Befehlsruf, unter der Stimme eines Erzengels und unter der Posaune Gottes vom Himmel herabkommen, und die Toten in Christus werden zuerst auferstehen; danach werden wir, die Lebenden, die Übrigbleibenden, zugleich mit ihnen entrückt werden in Wolken dem Herrn entgegen in die Luft, und so werden wir allezeit bei dem Herrn sein" (4,16–17).

Diese Sicht, dass die „Toten in Christus" jetzt nicht beim Herrn sind, sondern eine Auferstehung nötig haben, ist nicht leicht vereinbar mit dem früher zitierten Paulustext aus dem 2. Brief an die Korinther. Noch mehr trifft das auf einen Abschnitt aus dem Johannesevangelium zu:

„Wahrlich, wahrlich, ich sage euch: Die Stunde kommt und ist jetzt da, wo die Toten die Stimme des Sohnes Gottes hören werden, und die, welche sie hören, werden leben. Denn wie der Vater in sich selbst das Leben hat, so hat er auch dem Sohn verliehen, in sich selbst das Leben zu haben. Und er hat ihm Vollmacht gegeben, Gericht zuhalten, weil er der Sohn des Menschen ist. Verwundert euch darüber nicht! Denn die Stunde kommt, in welcher alle, die in den Gräbern sind, seine Stimme hören und hervorgehen werden, die das Gute getan haben, zur Auferstehung für das Leben, die das Böse verübt haben, zur Auferstehung für das Gericht" (5,25–29).

Andere Auffassungen vom Geschehen im Tod

Was nun? Sind die Toten, in erster Linie die „Toten in Christus", die Treuen im Glauben, jetzt beim Herrn oder sind sie in den Gräbern? Diese letztere Meinung war unter Christen verbreitet. Es gibt Grabinschriften wie: „Hier liegt", oder „hier ruht", oder wie die des Kardinals von Galen in Münster (in lateinischer Sprache): „Hier erwartet seine Auferstehung Clemens August Kardinal von Galen." Der eingebürgerte Gebetswunsch „Lass sie ruhen in Frieden" – von den „Seelen der Gerechten" sagt das „Buch der Weisheit": „sie aber sind in Frieden" – mag auch bei christlich gläubigen Menschen zu der Annahme beigetragen haben: Die Verstorbenen ruhen schlafend in den Gräbern, bis sie am Jüngsten Tag die Stimme des auferweckenden Gottes oder seines Engels vernehmen. Vieles an den aufwendigen Friedhofsgestaltungen ließe sich dadurch erklären.

Innerhalb der evangelischen Theologie gab es vor allem im 20. Jahrhundert eine Strömung, die besagte: Der Tod betrifft nicht nur den Leib des Menschen, sondern auch die Seele, auch sie stirbt („Ganztodtheorie"). Es ist dann Gottes Sache, ob er sich dafür entscheidet, die Toten ihrem Tod zu entreißen, und das würde bedeuten: Sie müssten von Gott bei der „Auferstehung" neu erschaffen werden. Als Gründe für eine solche Meinung werden genannt: Die katholische Lehre von der Unsterblichkeit der Seele beeinträchtigt den Glauben an die Auferweckung der Toten. Sie ist auch gar nicht biblischen, sondern „heidnischen", griechischen Ursprungs. Der Glaube an die Überwindung des Todes hat sich auf den lebenschaffenden Gott allein zu gründen; eine Philosophie über die Unsterblichkeit als eine Eigenschaft der menschlichen Natur würde die Offenbarung Gottes überflüssig machen. In ihr allein aber ist die Hoffnung auf den Sieg Gottes über den Tod begründet.

Die Gegner dieser Auffassung vom „Ganztod" weisen auf die biblischen Zeugnisse hin, die an einem Leben der Toten, wenigs-

Andere Auffassungen vom Geschehen im Tod

tens der Gerechten, bei Gott oder bei Jesus Christus festhalten. Zusätzlich wenden sie ein: Ein völlig neu geschaffener Mensch hätte seine alte Identität und damit seine ganze Lebensgeschichte verloren. Die gläubige Hoffnung aber bezieht sich gerade darauf, dass das ganze frühere Leben mit seinen Gottes- und Menschenbeziehungen in Gott eingeborgen, erneuert und vollendet wird.

Das ist auch der wesentliche Einwand gegen die in manchen Kreisen beliebte Hoffnung auf ein wiederholtes irdisches Leben („Seelenwanderung", „Reinkarnation"). Die Idee vom wiederholbaren Leben stammt aus Ostasien, von wo sie auch in das vorchristliche Griechenland gelangte. In ihrem dortigen Ursprung ist es eine Theorie von der Bestrafung des Menschen, der seine Chance zur Bewährung in einem ersten Leben nicht wahrgenommen hat.

Die zweite Chance lässt lange auf sich warten, manchmal 1000 Jahre. Das wiederholte Leben wird zuweilen viel schrecklicher dargestellt als das erste Leben: ein Mensch kann auch als Pflanze oder als Tier zum zweiten Mal geboren werden. In Europa wurde diese Theorie in ihr Gegenteil verkehrt: Die zweite Geburt ist nicht eine Strafe, sondern eine echte Chance, früheres Fehlverhalten wieder gut zu machen. Aber es handelt sich allemal um einen neuen Menschen, der alle Erfahrungen und Lernprozesse des Lebens noch einmal von neuem machen muss. Seine Identität mit dem Menschen des ersten Lebens wird nicht in Betracht gezogen. Das widerspricht dem religiösen Glauben an die Einmaligkeit und tiefe Bedeutung des ersten und einzigen Lebens.

Aus der modernen *Naturwissenschaft* ist das Thema „Seele" nicht ganz und gar verschwunden, im Gegenteil. Allerdings wird das Wort „Seele" vermieden. In heutigen Wissenschaften (Neurologie, Psychologie, Verhaltensforschung, Philosophie) wird vielmehr von „Psyche", dem griechischen Wort für Seele, gesprochen. Die Psychoanalyse befasst sich in intensiver Weise mit dem System der

Andere Auffassungen vom Geschehen im Tod

Seele, aus dem alle Motive aller menschlichen Handlungen und Verhaltensweisen hervorgehen. Genauer kann auch gesagt werden: Sie gehen aus dem „Ich" des Menschen hervor, zu dem Bewusstsein, Selbstorganisation, Aufbau von Beziehungen im individuellen und sozialen Bereich gehören. Wahrscheinlich die große Mehrzahl heutiger Naturwissenschaftler schließt aus unbezweifelbaren Forschungsergebnissen: Die menschliche Psyche ist an das Nervensystem und dessen Funktionieren gebunden. Daraus ziehen viele Naturforscher die Folgerung: Wenn ein Mensch stirbt, geht mit ihm das Nervensystem und mit dem Nervensystem die Psyche, die Seele, zugrunde.

Aus religiös-gläubiger Sicht werden gegen diese Schlussfolgerung Einwände erhoben. Ein Argument geht aus von der Besinnung auf den menschlichen Geist und auf dessen „Reichweite". Zwar ist der menschliche Geist auf die Materie angewiesen und stärkstens mit ihr verbunden. Er hat aber die Fähigkeit, das *rein* Geistige, nämlich Gott, zu erkennen, und gerade deswegen kann er nicht bloß ein vergänglicher Teil der materiellen Welt sein. Außerdem geht man davon aus: Es existieren (wenigstens bei vielen Menschen) Freiheit, Verantwortung, Treue, Liebe, und zwar in einer solchen Tiefe der Überzeugung, dass gesagt werden kann: Hier geschieht etwas Endgültiges. Wer aber wirklich den Willen hat, etwas Endgültiges zu „setzen", der kann sich nicht damit abfinden, dass dieses völlig ausgelöscht wird. Ferner wird gesagt, eine wesentliche Eigenschaft der menschlichen Seele sei ihr Leben in Beziehungen. Solche Beziehungen hat sie nicht nur zu sich selber und zu anderen Menschen, sondern auch zu ihrem Ursprung, zu Gott. Diese Beziehung zu Gott baut die Seele nicht eigenmächtig auf oder ab; sie ist vielmehr durch den Willen des schöpferischen Gottes gegeben. Die menschliche Seele steht also in einer ihr geschenkten Lebensbeziehung zu jener Macht, von der sie herkommt, und diese Lebensbeziehung ist, weil Gott im Spiel

Andere Auffassungen vom Geschehen im Tod

ist, ungleich mächtiger als die Kräfte, die das vergängliche Leben und Sterben des Menschen bewirken. Wer einen Menschen wirklich liebt, der kann gar nicht sagen: Dieser geliebte Mensch verschwindet im Tod.

Eine weitere Sicht in der Suche nach Gründen für das Überleben des Todes lautet: Wer mit all seinen Kräften in absoluter Liebe sagt: Du wirst nicht sterben, der irrt sich nicht. Absolute Liebe ist nicht nur stark wie der Tod, sie überwindet den Tod.

Alle diese Auffassungen wären nicht ein Produkt menschlicher „gott-loser" Überheblichkeit, denn sie wären völlig abhängig von einer Initiative Gottes, die allein eine Hoffnung schaffen kann, die über den Tod hinaus trägt.

In diesen Beiträgen zum Gespräch zwischen Naturwissenschaft und Glaube wird nicht geleugnet, dass Sterben und Tod die menschliche Seele zutiefst betreffen. Ihr bisheriges Leben erleidet einen Bruch. Sie kann nicht mehr über sich selber verfügen, keine neuen Entscheidungen fällen, sie erleidet radikale Ohnmacht. Nur der Leben schenkende Gott kann ihr daraus heraushelfen.

Gläubig sterben

In der Sicht des Glaubens tragen beim Tod eines Menschen die Gott feindlichen Todesmächte den Sieg nicht davon. In der Sicht des Glaubens nimmt Gott, der Urheber, Erhalter und Freund des Lebens, im Tod eines Menschen dessen Leben nicht weg. Er übt nicht eine Hinrichtung aus – wie viele Menschen auch so etwas denken mögen („Gott hat ihn jäh aus dem Leben gerissen"). Vielmehr nimmt er den Sterbenden und dessen Leben umgestaltend zu sich, an sich.

Im Glauben sterben heißt, sich selber mitsamt seinem Leben ganz und uneingeschränkt an diesen lebensfreundlichen Gott zu übergeben und damit auf Selbstbestimmung völlig zu verzichten. Ausdrücke wie: Sich-loslassen, oder: Abschied vom Leben nehmen, treffen das nicht genau, was im gläubigen Sterben geschieht. Gläubig stirbt, wer den Abschied nimmt von der irdischen Geschichte der Selbstbestimmung und des Werdens; es heißt, sich auszuliefern an den Gott, der jeden einzelnen Menschen individuell gewollt, ihn beim eigenen Namen gerufen und als sein Eigentum für sich bestimmt hat.

So den „eigenen Tod" vollziehen, das ist ein Geschehen, das weit voraus vor der Stunde des biologischen Sterbens liegen kann, ja eigentlich weit vor ihr liegen muss, denn in sehr vielen Fällen sind die psychischen Kräfte eines Menschen in der Agonie so erschöpft, dass man mindestens von außen her zweifeln darf, ob der sterbende Mensch noch imstande ist, sich voll und ganz und ausschließlich Gott anzuvertrauen.

Das Sterben geht nicht nur den Sterbenden selber an. Für diejenigen, die ein konkreter Tod betrifft, und auch für diejenigen, die sich mitten im Leben an den Gedanken zu gewöhnen suchen, dass sie selber, alle ihre Freunde, alle geliebten Menschen unaufhaltsam auf ihren Tod zugehen, bedeutet das die Frage, inwieweit

Gläubig sterben

sie gewillt sind, ihr eigenes Leben und das der anderen Menschen ganz und gar Gott zu überlassen.

Eingebürgerte und liebgewordene Redewendungen wie „mein Kind", „meine Frau", „mein Mann", „mein Freund" „stirbt", sind vor diesem Hintergrund des Gottesglaubens zwar nicht falsch, sie sind aber zu relativieren, weil sie einen Besitz andeuten, den es nicht gibt. Es gab und gibt zwar auch in der Sicht des Glaubens echte Zusammengehörigkeit, gelingende Lebensgemeinschaft, unverbrüchliche Treue, absolute Liebe, aber diese gute Zusammengehörigkeit ist nicht Besitz. „Mein Kind", „meine Freundin", „mein Freund" darf im genauen Sinn von Besitzen als Eigentum nur Gott sagen.

Ein solches Sterben als Gabe an Gott, als Gabe dessen, was ohnehin ihm gehört, aber als einwilligende Gabe, kann und soll man einüben im Leben, in einem bewussten Lern- und Glaubensprozess.

In diesem Abschnitt war absichtlich vom „religiösen Glauben" die Rede, denn in dieser Haltung gegenüber Sterben und Tod stimmen Christentum und Judentum völlig überein. Von einem Rabbi erzählen die „Chassidim", die Weisen in Israel:
„Als Rabbi Bunam im Sterben lag, weinte seine Frau. Er sprach ‚Was weinst du? All mein Leben war ja nur dazu, dass ich sterben lerne'."
Von Karl Rahner stammt das Wort von 1963, aus hektischer Konzilsarbeit:
„So bin ich also bald im 60. Lebensjahr. In Gottes Namen. Man lebt ja, um zu sterben. Und also darf man sich nicht beklagen, dass die Hauptprobe des Lebens immer dringlicher wird."

Auch gläubige Menschen fragen zuweilen nach dem Sinn des Lebens, nach dem Sinn des Ganzen. Für nachdenkliche Menschen ist diese Frage selbstverständlich, wenn auch Sigmund Freud gesagt hatte: „Wer nach dem Sinn fragt, der ist verrückt."

Gläubig sterben

In der Sicht des Glaubens kann die Antwort nur heißen: Der Sinn des Ganzen ist Gott, der Sinn des Lebens ist es, Gott zu erahnen, zu finden, ihn zu lieben, und zu lernen sich selber Gott für immer und ewig anzuvertrauen. Wer auch nur von Ferne begriffen hat, dass Gott die sich selber verschenkende Güte, die absolut unbegreifliche Liebe ist, der kann gar nicht anders antworten. Er kann und darf auch jungen Menschen gegenüber diese Antwort nicht schuldig bleiben, so fern ihnen der Gedanke an Sterben und Tod auch sein mag.

In der Diskussion, in der nach dem Sinn gefragt wird, ist es wohl sinnvoll, zwischen Sinn und Teilziel zu unterscheiden. Niemand soll schlecht gemacht werden, der sein Lebensziel im Finden einer gelingenden Partnerschaft, im sozialen Engagement, in der Sorge für Kinder und Alte sieht. Aber das alles ist nicht „der Sinn" des Lebens, es sind sehr gute und ideale Teilziele. Die genannte Unterscheidung, die von mir schon vor Jahren vorgeschlagen wurde, ist auch hilfreich im Hinblick auf konkrete Formen des Sterbens. Es ist nicht zu leugnen: Es gibt sinnlosen Tod. Der Glaube braucht das nicht zu bestreiten. Der Tod durch Drogenmissbrauch, durch Leichtsinn im Straßenverkehr, der millionenfache Tod in Kriegen oder durch Naturkatastrophen: der eine Tod so sinnlos wie der andere. Aber alle Tode und alle Toten haben ihr Ziel: Gott erwartet sie, er nimmt sie zu sich. Bei ihm gibt es keine viel-zu-vielen Menschen, keine Namenlosen und Entbehrlichen. Bei einem Tod, den die Angehörigen als viel zu früh ansehen, könnte es ihnen ein Trost sein, wenn sie bedenken, dass der Vorausgegangene jetzt an dem Ziel angekommen, vom Ziel aufgenommen ist, das ihm schon vor seiner Empfängnis und Geburt vorherbestimmt gewesen war.

Christliches Sterben mit Jesus

Jesus ist der Weg zum Vater. Jesus ging den Weg zum Vater. Sein Leben und Wirken, seine Worte und Zeichen waren zutiefst geprägt von der Energie, mit der er dem Willen des Vaters gehorsam war, und das bedeutete für ihn, den Kampf aufzunehmen gegen die alten lebensfeindlichen Chaosmächte, die fortwährend die Schöpfung des Vaters zu zerstören drohen. So führte er den Kampf gegen die Vorformen des Todes, gegen Krankheiten und Ausgrenzungen, gegen Ungerechtigkeit und Unterdrückung, gegen menschliche Schuld und gegen den Tod selber. Die Todesmächte, repräsentiert durch die Militärmacht der römischen Besatzung und durch die Priesterhierarchie am Tempel in Jerusalem, brachten ihn gewaltsam auf den Weg durch Folter und Entehrung zur Hinrichtung am Kreuz.

Jesus hatte versucht, die Herrschaft Gottes bei den Menschen herbeizuführen, und hatte dabei Menschen gerufen, mit ihm zu gehen, ihm nachzufolgen. Dabei wies er ausdrücklich auf die letzte Konsequenz hin, die diese Nachfolge haben konnte:
„Wer Vater oder Mutter mehr liebt als mich, ist meiner nicht wert; und wer Sohn oder Tochter mehr liebt als mich, ist meiner nicht wert; und wer nicht sein Kreuz nimmt und mir nachfolgt, ist meiner nicht wert. Wer sein Leben findet, der wird es verlieren, und wer sein Leben verliert um meinetwillen, der wird es finden" (Matthäusevangelium 10,37–39).
Jesus sprach vom jeweils *eigenen* Kreuz der Zuhörerinnen und Zuhörer; er meinte also Nachfolge nicht als Kopie, als Nachahmung seines persönlichen Schicksals. Dennoch waren unzählige Christen zu allen Zeiten bemüht, wie Jesus und mit Jesus zu sterben, auf jenem sicheren Weg, der in die Hände des göttlichen Vaters führt. Manche sind dabei allerdings Missverständnissen zum Opfer gefallen. Sie meinten, das Leiden direkt suchen zu müs-

sen. Sie dachten, alle erdenklichen Arten von Selbstquälerei seien Gott dem Vater wohlgefällig. Es gab in christlichen Gesangbüchern Gebete der Einwilligung in alle Ängste und Schrecken, die mit dem Sterben verbunden sind.

Ein besonderes Gewicht kam dabei der Klage Jesu am Kreuz zu: „Mein Gott, mein Gott, warum hast du mich verlassen?" (Markusevangelium 15,34; Psalm 22). Hat Gott den Sterbenden vergessen? Manche fromme Erklärer hinterließen bei Ratsuchenden den Eindruck, das Gefühl tiefster Gottverlassenheit gehöre unmittelbar zum Sterben im christlichen Sinn. Manche Theologen haben im Hinblick auf diesen Psalm 22 eine regelrechte Theologie der Gottverlassenheit aufgestellt. Die Bibelwissenschaft weiß es besser. Erich Zenger sagt:

„Wer diesen Psalm betend mitvollzieht, wird auf einen Gebetsweg mitgenommen, der von der erlittenen Gottesferne zur erlebten Gottesnähe führt" und weiter: „Der Klageschrei Jesu ist kein Schrei der Verzweiflung, sondern eines Vertrauens, das nicht aufgibt, obwohl alles dagegen spricht. Es ist ein Schrei zu Gott, dem sich der Schreiende ganz und voll anvertraut."

Man muß den *ganzen* Psalm lesen, besser noch: beten, um zu erfassen, wie tief darin das Vertrauen auf den rettenden Gott zum Ausdruck kommt. Es gibt keine Situation des Lebens und des Sterbens, in der ein Mensch von Gott verlassen wäre.

Jesus hat sein Leid Gott geklagt, hat um Hilfe gerufen und hat sich letzten Endes voll Vertrauen in sein Schicksal ergeben. Er wußte, daß der Vater kein Wohlgefallen am Leiden und Sterben seiner Geschöpfe hat, und er vertraute auf die Zusicherung, die im Gottesnamen (Exodus 3,14) liegt, in der Gott sagt: Ich werde, was immer kommen mag, da sein für euch, für dich.

Die psychische Situation eines sterbenden Menschen ist oft so, dass er die einzelnen Schritte dieser Gedanken nicht mehr mit-

Christliches Sterben mit Jesus

vollziehen kann. Wenn er sie aber in seinem Leben oft und intensiv mitgelebt hat, dann wird ihn das Grundvertrauen auch in der äußersten Todesnot nicht verlassen. Das ist die eigentlich christliche „ars moriendi", die „Kunst des Sterbens".

Hier sei nun auf ein spezifisch katholisches Thema eingegangen. „Ars moriendi" ist auch die Fachbezeichnung für eine bestimmte Art von Literatur des Spätmittelalters, die bis in unsere Gegenwart hinein einflussreich war. Das erste bekannte Exemplar stammt aus dem Jahr 1408; der Prediger Geiler von Kaysersberg im Elsass verfasste im Jahr 1497 eine vielfach kopierte Standardschrift mit dem Titel „Ein ABC, wie man sich schicken sol zu einem kostlichen seligen tod". Es handelt sich um die Anleitung, wie man sich so auf den Tod vorbereiten könne, dass dem Sterbenden der Weg in den „Himmel" garantiert sei. Dazu gehörten nach damaliger Auffassung eine bis ins einzelne gehende Gewissenserforschung, das Glaubensbekenntnis im Sinn der katholischen kirchlichen Lehre, die Erweckung von Reue und Leid, das Sündenbekenntnis im Sakrament der Buße, die Lossprechung, die Krankensalbung, die man damals als „Letzte Ölung" bezeichnete.

Wenn der Sterbende nicht mehr imstande war, Gebete und Bekenntnisse von sich aus zu sprechen, dann stellte ihm der Beichtvater eine umfangreiche Reihe von Fragen, die der Todkranke mit Kopfnicken oder -schütteln beantworten konnte. Selbstverständlich wurde ihm der tödliche Ernst seiner Situation deutlich erklärt. Vor allem das Herannahen der Letzten Ölung war für ihn ein untrügliches Zeichen für das allerletzte Stündlein seines irdischen Lebens.

In dieser mehr als problematischen Situation wurde der Sterbende, der die Standards der Befragung nicht erreichte, mit den Schrecken von Teufel und Hölle konfrontiert. Ein Wort zum Mythos. Mythologisch bedeutet nicht Märchen, erfundene Sage. Ein Mythos ist eine Erzählung, die mit Bildern oder Symbolen eine

Christliches Sterben mit Jesus

Wirklichkeit zum Ausdruck bringen will, die ohne Bilder oder Symbole nicht so gut zur Sprache gebracht werden kann. Die tiefe Bedeutung „hinter" Bildern und Symbolen muss nicht unbedingt besagen: historisch wirklich vorhanden oder geschehen. Der Mythos kann zum Beispiel Erklärungen für eine gute oder böse Situation suchen. Er weist auf gut oder böse mit tiefem Recht hin, aber sein Erklärungsversuch muss nicht richtig sein.

Eine alte mythologische Vorstellung besagte, dass der Teufel mit seinen Trabanten gerade die totale Schwäche des Sterbenden ausnütze, um ihn doch noch auf seine Seite zu ziehen. Die Lossprechung von den Sünden des Lebens und die Letzte Ölung waren die Absicherungen, die den Toten vor Gericht und Hölle bewahrten. Zu den seit der Antike verbreiteten mythologischen Vorstellungen gehörte die Meinung, der Verstorbene habe in Gestalt einer vom Körper losgetrennten Seele eine Reise von Hier nach Dort, vom Diesseits ins Jenseits anzutreten. Auf dieser Reise lauerten Dämonen darauf, die wehrlose Seele doch noch in den Abgrund zu ziehen, wo die Hölle weit ihren Rachen aufsperrte. Dagegen wurden Engel mobilisiert, die eine sichere Reise garantieren sollten. Von diesen Vorstellungen waren amtlich gebilligte kirchliche Sterbegebete und Texte des Requiems bis ins 20. Jahrhundert geprägt.

Das Zweite Vatikanische Konzil hat den Anfang einer Reform mit einer Neuformulierung der Letzten Ölung gemacht. Es wollte zurück zum alten Verständnis einer Salbung von Schwerkranken unter Gebet und Handauflegung (so im Neuen Testament der Jakobusbrief 5,14), und es wollte dies als Liturgie, wenn auch im kleinen und kleinsten Rahmen, wiederherstellen: Der Kranke soll mit dem diensttuenden Priester und den Angehörigen das Wort Gottes hören, gemeinsam beten und daraus Trost, geistliche Stärkung, Zuversicht gewinnen. Sein gefährdetes Gottvertrauen könnte neu stabilisiert werden. Die Krankheit kündet ihm nicht drohende Finsternis und Untergang an, sondern sie ist eine Chan-

Christliches Sterben mit Jesus

ce, den Sinn des Lebens als Weg zu Gott wiederzufinden. Die unvermeidliche Angst der Kreatur vor Leiden und Sterben könnte durch wieder gewonnenes Gebet verkleinert werden.

Leider hat eine große Zahl von Katholiken diese Reform nicht akzeptiert. Vielfach gilt die Krankensalbung immer noch als Letzte Ölung und damit als Anzeichen des unmittelbar bevorstehenden Todes. Angehörige möchten vermeiden, dass dadurch der sterbenskranke Mensch zusätzlich in Schrecken versetzt wird. Sie bestehen auf einer Letzten Ölung als Bewusstlosen-Salbung. Nicht selten ist ihr Glaubenswissen minimal; sie wissen nicht, dass die kirchlichen Sakramente nur für Lebende bestimmt sind, und so wünschen sie nicht selten eine Totsalbung. Während es eine Seelsorge durch Einschüchterung kaum noch gibt, besteht eine Mentalität der Absicherung gegen Gott durch magische Riten da und dort immer noch fort.

Dem gegenüber ist eine Besinnung auf das Richtige und auf das Wesentliche notwendig. Es ist ja durchaus möglich, dass ein Mensch im Angesicht seines Todes von Schuldgefühlen bedrückt wird, dass er die Bilanz seines Lebens als negativ empfindet. Was oder besser gesagt wer ihm helfen kann, das ist der Gott, den Jesus verkündet hat. In der Gleichniserzählung vom barmherzigen Vater – früher sagte man unzutreffend „vom verlorenen Sohn", als ob Gott jemals ein Kind verloren gehen könnte – setzt Jesus voraus: Dieser Sohn ist zur Einsicht in das Verkehrte seines Lebens gekommen. Er „kehrt um", heimwärts zum Vater. Das ist die einzige Voraussetzung, die auf seiner Seite vorhanden sein muss; nicht Bußleistungen oder magische Rituale werden verlangt. Der Vater erwartet ihn in übergroßer Freude, mit ausgebreiteten Armen (Lukasevangelium 15, 11–32).

Ein Mensch, der weiß, er verdankt die entscheidenden Hilfestellungen auf seinem Lebensweg diesem Jesus, der wird in Erwartung des Todes die Nähe Jesu suchen. Die katholische Tra-

Christliches Sterben mit Jesus

dition kennt sieben Sakramente, von denen sie drei „die großen" und die übrigen vier „die kleinen" nennt. Die drei großen Sakramente: die Taufe, das Sakrament der Buße, die Eucharistie. Von ihnen ist die Eucharistie das eigentliche Sakrament der Todesweihe, der „Wegzehrung", wie man früher auch mit Recht sagte. Ein alter Kirchenvater nannte sie vor fast 2000 Jahren „das Heilmittel zur Unsterblichkeit". Unwillkürlich kommen einem bei diesen Gedanken die Worte aus einem Liebeslied Johann Sebastian Bachs in den Sinn:
„Bist Du bei mir, denk ich mit Freuden ans Sterben und an meinen Tod."
Es ist keine verkehrte Vorstellung, in den Armen Jesu zu sterben. „Selig sind die Toten, die in dem Herrn sterben" (Offenbarung 14,13). Das Neue Testament preist die „Toten in Christus" selig, weil die, die mit ihm zusammen den Leidens- und Sterbensweg gegangen sind, mit ihm zusammen zum ewigen Leben auferstehen.

Paul Deselaers und Dorothea Sattler schreiben zu den Erfahrungen mit dem Auferstandenen, wie sie das Johannesevangelium (20,19–23) erzählt:
„Die Jünger sind aus Angst hinter verschlossenen Türen, eingeengt und mutlos, mit flachem Atem – ‚aus Furcht' vor all dem, was sie umgibt. Am Ende aber heißt es: ‚Sie freuten sich.' Was ist dazwischen passiert? Der Umschwung kommt durch einen, der durch verschlossene Türen in ihre Mitte tritt, er verschenkt von seinem Leben an die Jünger, haucht sie an, wie in einer Mund-zu-Mund-Beatmung, die an die Menschenschöpfung erinnert. Indem er durch die verschlossenen Türen kommt, erweist er sich als identisch mit dem Geist, der vom Vater herkommt. Sein Atem schafft Leben: ‚Empfangt Heiligen Geist.' Er schenkt ein Leben, das den Tod in sich und hinter sich hat. Erst so wird es Ostern auch für die Versammel-

ten: in ihnen und für ihre Atmosphäre wird Ostern die neue Lebensluft."

Nach dem Glauben, den das Neue Testament bezeugt, ist Jesus nie allein. Er will nicht allein sein, nicht im Leben, nicht im Tod, nicht in der Auferstehung. So ist es für das Neue Testament selbstverständlich, dass die Auferweckung aus dem Tod nicht eine private Belohnung Jesu durch den Vater war, ohne Folgen für diejenigen, die zu Jesus gehören. Die Auferweckung des gläubigen Menschen aus dem Tod beruht auf einer ganz intensiven, persönlichen Beziehung von ihm zu Jesus:

„Euer Herz erschrecke nicht! Glaubt an Gott und glaubt an mich! In meines Vaters Haus sind viele Wohnungen. Wäre es nicht so, würde ich dann zu euch gesagt haben, dass ich hingehe, um euch eine Stätte zu bereiten? Und wenn ich hingegangen bin und euch eine Stätte bereitet habe, komme ich wieder und werde euch zu mir nehmen, damit auch ihr seid, wo ich bin. Und wohin ich gehe, dahin wisst ihr den Weg" (Johannesevangelium 14,1–4).

Tröstlicheres kann gläubigen Christen angesichts des Todes nicht gesagt werden.

Vor dem Richterstuhl

Es wird nicht wenige Menschen geben, die Angst davor haben, „dass etwas herauskommt", dass etwas ans Tageslicht kommt, was man lieber verborgen gehalten hätte. Im Fernsehen leben ganze Serien von „Menschen vor Gericht". Neben denen, die Angst haben, dass sie entdeckt werden, gibt es andere, die sich in dem Gefühl sonnen „Mir kann so etwas nicht passieren", „ich habe eine reine Weste." Die Medien sorgen für Informationen in breitem Umfang, und so erfährt man viel häufiger als früher von Fehlurteilen und von menschlichen Defekten der Richter. Sie können von Vor-Urteilen besetzt oder aber auch korrupt und bestechlich sein. Wo gibt es noch wirkliche Gerechtigkeit?

Es ist ganz nützlich, erst einmal zu schauen, wie der Gerichtsgedanke in das christliche Glaubensbekenntnis gekommen ist. Dort heißt es ja von Jesus Christus, dem zum „Himmel" Hinaufgenommenen: „Von dort wird er wiederkommen in Herrlichkeit, zu richten die Lebenden und die Toten", und noch vor kurzer Zeit betete man bei einer katholischen Beerdigung: „für denjenigen aus unserer Mitte, der als Nächster vor den Richterstuhl Gottes gerufen wird."

Von alten Religionen sind aus vorchristlicher Zeit Zeugnisse überliefert, nach denen vielfach angenommen wurde, nach dem Tod hätten die Menschen Rechenschaft über ihr irdisches Leben zu geben. Die Prozedur selber und die prüfenden Instanzen stellte man sich in unterschiedlicher Weise vor. Im christlichen Altertum war Platon († 347 vor Christus) mit seinen Ausführungen über Verantwortung nach dem Tod sehr einflussreich. Aber wichtiger war für Christen natürlich, was das Erste Testament, die Bibel der jüdischen Vorfahren im Glauben, über das Gericht sagt. Es kündigt ein Gericht Gottes an, und zwar, in der ältesten Form mehr als 700 Jahre vor Christus, in Verbindung mit einem „Tag des Herrn".

Vor dem Richterstuhl

Dieser Tag Gottes hat für Israel mehrere Gesichter. Auf der einen Seite kann es ein Festtag sein, an dem das Volk Gottes sich in Dankbarkeit an die Rettung erinnert, die Gott ihm gewährt hat. Ein solches dankbares Gedenken ist natürlich oft mit der Bitte verbunden, Gott möge auch in Zukunft an seinem „Tag" helfend und rettend zugunsten seines Volkes eingreifen. Der „Tag des Herrn" hat dann auch ein zweites Gesicht. Für die fremden Völker, die das Gottesvolk mit Gewalttaten bedrängen, bringt er das Zornesgericht Gottes herbei. Es versteht sich von selbst, dass gläubige Israeliten diesen Tag herbeisehnten. Texte bei den Propheten Jesaja und Jeremia sprechen davon.

Eine dritte Seite am „Tag des Herrn" ist dann dem Volk Gottes selber zugewandt, und zwar beiden jüdischen Reichen, Israel im Norden und Juda im Süden, weil beide vom einen und einzigen Gott abgefallen waren. Propheten verkündeten einen Tag, an dem Gott die Abtrünnigen strafen werde. Es bestehe, sagten sie, kein Grund, den Gottestag in Jubel und Freude zu erwarten. In einem sehr alten Zeugnis sagt der Prophet Amos:

„Wehe euch, die ihr den Tag des Herrn herbeisehnt! Was soll euch denn der Tag des Herrn? Er ist Finsternis und nicht Licht! Es wird sein, wie wenn einer einem Löwen entflieht, und ein Bär begegnet ihm, und er kommt ins Haus und stützt die Hand an die Wand, und es beißt ihn eine Schlange. Ist doch der Tag des Herrn Finsternis und nicht Licht, dunkel und ohne Glanz!" (5,18–20).

Mit dem so erwarteten „Tag des Herrn" war zunächst nicht der Gedanke an ein Ende der Menschengeschichte und an ein „Ende der Welt" verbunden: Gott werde in seinem Zorn hier und jetzt eingreifen, die Abtrünnigen bestrafen, das verletzte Recht wieder herstellen und so sein Volk läutern. Er werde ihm immer wieder die Chance eines neuen, heileren Lebens eröffnen. Vielleicht aber wird nur ein kleiner „heiliger Rest" dem kommenden Zorn entrinnen. Jedenfalls würde es weiterhin Menschen auf der „Welt" geben.

Vor dem Richterstuhl

In diesem Glauben Israels muss eine Verschiebung oder eine wichtige Ergänzung eingetreten sein, wohl in einem Prozess von mehreren hundert Jahren. Man erwartete nun ein viel radikaleres Eingreifen Gottes, nicht mehr innerhalb des Laufes der Weltgeschichte, sondern als deren Ende. Kennzeichen für die Radikalität dieser veränderten Erwartung ist die Gewissheit, mit der man das kommende Gottesgericht auch auf die Toten ausdehnte. Die leitende Überzeugung dabei war: Es muss eine ausgleichende Gerechtigkeit geben. Die Übeltäter dürfen ihrer gerechten Strafe nicht entkommen; ihre Opfer dürfen nicht für alle Zeiten die unterlegenen, zu kurz gekommenen Opfer bleiben. Das erste sichere Zeugnis für diesen radikalisierten Gerichtsgedanken findet sich in dem Prophetenbuch Daniel, das etwa 165 vor Christus fertig geworden sein wird. In ihm finden sich Visionen Daniels und darin Bilder für das Gerichtsgeschehen, aber auch ein Bild für Gott als den Richter, die im Christentum von größtem Einfluss wurden:
„Ich schaute, da wurden Throne aufgestellt, und ein Hochbetagter setzte sich nieder. Sein Gewand war weiß wie Schnee, und das Haar seines Hauptes rein wie Wolle; sein Thron war lodernde Flamme und die Räder daran brennendes Feuer. Ein Feuerstrom ergoss sich und ging von ihm aus. Tausendmal Tausende dienten ihm, zehntausendmal Zehntausende standen vor ihm. Das Gericht setzte sich nieder, und die Bücher wurden aufgetan" (7,9–10).

Zunächst beschreibt der Seher jedoch nicht das endgültige Gerichtsgeschehen, sondern er schildert eine „Endzeit", in der sich gewaltige Kämpfe mit gottfeindlichen, Israel unterdrückenden Königen und Mächten abspielen, die mit deren Vernichtung enden. Zugleich deutet sich die Fürsorge Gottes für sein „heiliges Volk" (12,7), das von den (hellenistischen) Feinden bedrängt wird, an. Schließlich kommt das Ende in Sicht:
„Zu jener Zeit wird sich Michael erheben, der große Fürst, der die Söhne deines Volkes beschützt, und es wird eine Zeit der

Vor dem Richterstuhl

Bedrängnis sein, wie noch keine gewesen ist, seit Völker bestehen, bis auf jene Zeit. Und in jener Zeit wird dein Volk errettet werden, ein jeder, der sich aufgezeichnet findet im Buche. Und viele von denen, die schlafen im Erdenstaub, werden erwachen, die einen zu ewigem Leben, die andern zu Schmach, zu ewigem Abscheu. Die Weisen aber werden leuchten wie der Glanz der Himmelsfeste und, die viele zur Gerechtigkeit geführt haben, wie die Sterne immer und ewig" (12,1–3).

In zwei wichtigen Aspekten unterscheidet sich diese bilderreiche Sicht von der früheren: Eine Auferweckung von Toten wird in Aussicht gestellt, und zwar aus dem Grund, weil Lohn oder Strafe für das bisherige Leben erfolgen müssen, das heißt, weil die ausgleichende Gerechtigkeit siegen wird. Und nicht nur böse Mächte sind von Gottes Gericht betroffen, auch der einzelne Mensch wird hier einbezogen, weil Gott über seine (guten) Taten Buch geführt hat.

Bei der Entwicklung der Gerichtsvorstellungen spielte sicherlich das menschliche Wunschdenken eine große Rolle, und das ist mehr als bedenklich, wenn es so eindeutig auf Gott bezogen wird und das „Gottesbild" verfestigt. Denn bei einem solchen Wunschdenken schreiben Menschen Gott vor, wie er zu sein hat. Noch genauer gesagt: Menschen machen sich einen Gott zurecht, der gerecht zu sein hat, und zwar nach den Maßstäben menschlicher Gerechtigkeit. Das hohe Niveau der Gottesoffenbarung von der Frühzeit an wird so verfehlt, denn damals sagte Gott: „Du sollst dir kein Gottesbild machen" (Exodus 20,4).

Jesus von Nazaret hat in jener Zeit seines Lebens, als er hoffte, ganz Israel für seine Botschaft vom Reich Gottes gewinnen und durch die Zeugenschaft Israels alle Völker einbeziehen zu können, die prophetische Rede vom drohenden Gericht aufgegriffen. Dabei verwendete er vielfältige Bilder und die Formulierungen „an jenem Tag" oder „am Tag des Gerichts". Das Gericht wird sich

Vor dem Richterstuhl

daran entscheiden, ob ein Mensch sich zu Jesus und zu seiner Botschaft bekannt hat; seine Botschaft aber gipfelte in der Betonung der Einheit von Gottesliebe und Menschenliebe (Deuteronomium 6 – Markusevangelium 12). Diese verbietet, dass die Jesusanhänger über ihre Mitmenschen richten (Matthäusevangelium 7,1ff.). Gewiss sind die Drohworte Jesu orientalisch gefärbt; im ganzen aber weisen sie eindringlich auf den Ernst des Lebens als Ort der Entscheidungen hin. Von da aus sind Leichtfertigkeit und Beliebigkeit mit dem christlichen Glauben nicht vereinbar.

Bei der Weitergabe der Jesusbotschaft haben seine Jünger das Gericht mit dem „Ende der Welt", mit dem Kommen des verherrlichten Jesus Christus und mit dem Thema von Rechenschaft und Verantwortung verbunden. Eindringliche Zeugnisse dafür sind beispielsweise das 13. Kapitel des Markusevangeliums und das 25. Kapitel des Matthäusevangeliums sowie weite Teile der Offenbarung des Johannes (Apokalypse). Ende der Welt: Damit war natürlich das Ende der damals bekannten Welt, der von Meeren umgebenen, von Himmeln überwölbten Erdscheibe gemeint. Die unendlichen Himmelsräume, das sich immer weiter expandierende Universum, waren nicht bekannt. Die alte Schöpfung Gottes würde in einer Naturkatastrophe ohnegleichen untergehen. Im Markusevangelium waren „Vorzeichen" dieses katastrophalen Geschehens verzeichnet. Ängstlich suchte man den Zeitpunkt des Endes vorauszusehen, und auch über den Ort des Gottesgerichts wurde spekuliert.

Eine eigene Auffassung vom Gericht und seinem „Zeitpunkt" findet sich im Johannesevangelium. Danach habe Jesus zu dem fragenden Pharisäer Nikodemus gesagt:

„So sehr hat Gott die Welt geliebt, dass er seinen einzigen Sohn gab, damit jeder, der an ihn glaubt, nicht verloren gehe, sondern ewiges Leben habe. Denn Gott hat seinen Sohn nicht in die Welt gesandt, damit er die Welt richte, sondern damit die

Vor dem Richterstuhl

Welt durch ihn gerettet werde. Wer an ihn glaubt, wird nicht gerichtet; wer nicht glaubt, ist schon gerichtet, weil er an den Namen des einzigen Sohnes Gottes nicht geglaubt hat. Darin aber besteht das Gericht, dass das Licht in die Welt gekommen ist, und die Menschen liebten die Finsternis mehr als das Licht; denn ihre Werke waren böse. Denn jeder, der Böses tut, hasst das Licht und kommt nicht zum Licht, damit seine Werke nicht aufgedeckt werden. Wer aber die Wahrheit tut, kommt zum Licht, damit seine Werke offenbar werden, dass sie in Gott getan sind" (3,16–21).

Die Eigentümlichkeit des Gerichtes besteht also nach diesem Evangelium darin, dass die Werke der Finsternis aufgedeckt werden, und zwar in jedem einzelnen Menschenleben, dass aber die an Jesus Glaubenden kein Gericht zu fürchten haben.

Nach dem Weggang Jesu von dieser Erde hat der Jüngerkreis sich an seine Worte erinnert, er werde wiederkommen, und der „Menschensohn" werde Gericht halten. Diese Worte hat man auf ihn, auf Jesus, bezogen und kombiniert. So kam es in der Jüngertradition zu Aussagen wie den folgenden, die in die Jesusbotschaft des Neuen Testaments gehören. Danach habe Jesus gesagt:

„Wahrlich, wahrlich, ich sage euch: Der Sohn kann von sich aus nichts tun, außer was er den Vater tun sieht. Denn was jener tut, das tut der Sohn in gleicher Weise. Denn der Vater liebt den Sohn und zeigt ihm alles, was er selber tut. Und er wird ihm noch größere Werke als diese zeigen, so dass ihr euch wundern werdet. Denn wie der Vater die Toten erweckt und lebendig macht, so macht auch der Sohn lebendig, die er will. Der Vater richtet ja auch niemand, sondern er hat alles Gericht dem Sohn übergeben, damit alle den Sohn ehren, so wie sie den Vater ehren.

Wer den Sohn nicht ehrt, ehrt auch den Vater nicht, der ihn gesandt hat. Wahrlich, wahrlich, ich sage euch: Wer mein Wort hört und dem glaubt, der mich gesandt hat, der hat ewiges Leben und kommt nicht ins Gericht, sondern ist aus dem Tod ins Leben hinübergegangen. Wahrlich, wahrlich, ich sage euch: Es kommt die Stunde, und sie ist jetzt da, wo die Toten die Stimme des Sohnes Gottes hören werden, und die sie hören, werden leben. Denn wie der Vater Leben in sich hat, so hat er auch dem Sohn gegeben, Leben in sich selbst zu haben, *und er gab ihm Vollmacht, Gericht zu halten, weil er der Menschensohn ist.* Wundert euch nicht darüber. Denn es kommt die Stunde, in der alle in den Gräbern seine Stimme hören werden; und herauskommen werden die, die das Gute getan haben, zur Auferstehung zum Leben, und die, die das Böse verübt haben, zur Auferstehung zum Gericht. Ich kann nichts aus mir selbst tun. Wie ich höre, richte ich, und mein Gericht ist gerecht. Denn ich suche nicht meinen Willen, sondern den Willen dessen, der mich gesandt hat" (Johannesevangelium 5,19–30).

Und noch eine andere Kombination hat man nach dem Weggang Jesu von dieser Erde vorgenommen. Man hat gedacht, sein „Wiederkommen", das man besser und genauer sein „Kommen in Herrlichkeit" im Unterschied zu seinem ersten Kommen nennen sollte, werde am „Ende der Welt", am „Tag des Herrn" erfolgen. Dieser Tag werde der Untergang der alten Schöpfung Gottes in einer kosmischen Katastrophe sein.

Diese Gedankengänge hatten zur Folge, dass der „Tag des Herrn" mit dem Kommen des Richters Jesus von zahlreichen Generationen gläubiger Christen mit Angst und Schrecken erwartet wurde. Ein Zeugnis dafür ist die Dichtung „Dies irae", die von 1570 bis 1962 zur Messe für Verstorbene gehörte. Sie begegnet bereits im 12. Jahrhundert und stammt von einem unbekannten Verfasser. „Dies irae" heißt „Der Tag des Zornes". Zwar endet die Dichtung mit einem Ausblick der Hoffnung, aber der erste Teil zeigt, was mit „Angst und Schrecken" gemeint ist:

Vor dem Richterstuhl

Tagt der Rache Tag den Sünden,
Wird das Weltall sich entzünden,
Wie Sibyll und David künden.

Welch ein Graus wird sein und Zagen,
Wenn der Richter kommt, mit Fragen
Streng zu prüfen alle Klagen!

Laut wird die Posaune klingen,
Durch der Erde Gräber dringen,
Alle hin zum Throne zwingen.

Schaudernd sehen Tod und Leben
Sich die Kreatur erheben,
Rechenschaft dem Herrn zu geben.

Und ein Buch wird aufgeschlagen,
Treu darin ist eingetragen
Jede Schuld aus Erdentagen.

Sitzt der Richter dann zu richten,
Wird sich das Verborgne lichten;
Nichts kann vor der Strafe flüchten.

Weh! Was werd ich Armer sagen?
Welchen Anwalt mir erfragen,
Wenn Gerechte selbst verzagen?

Die Entfernung dieses Schreckenstextes aus den Totenmessen zeigt, dass in der Kirche eine Besinnung eingesetzt hat über alles, was mit dem Gerichtsgedanken zusammenhängen mag. Die überlieferten Zeugnisse der Bibel verwenden vielfach Bilder, bei denen es von vornherein klar ist: Wörtlich sind sie nicht zu verstehen.

Vor dem Richterstuhl

Wenn im Glaubensbekenntnis der Kirche von Jesus gesagt wird: „Aufgefahren in den Himmel. Er sitzt zur Rechten Gottes des Vaters", dann kommen hier solche Bilder vor. Was heißt „Auffahrt", wenn man an die unendlichen kosmischen Räume denkt, die den kleinen Planeten Erde von allen Seiten umgeben? Das „Sitzen" weist auf die uralte Vorstellung hin, über dem „Himmel" befände sich der Thronsaal Gottes, von wo aus Gott das Universum regiere, selbstverständlich, wie es einem Herrscher geziemt, im Sitzen. Gott, der unendliche unbegreifliche Geist, hat gewiss keinen rechten Arm in unserem Sinn. Wenn solche Aussagen nicht wörtlich verstanden werden können, was könnten sie bedeuten und wie könnte man das mit heutigen Worten wiedergeben?

Im Glaubensbekenntnis der Kirche heißt es, Jesus werde „wiederkommen, zu richten die Lebenden und die Toten." In den Briefen des Apostels Paulus findet sich diese Meinung: Beim zweiten Kommen Jesu Christi ereignet sich nicht nur die Auferstehung der Toten, es wird dann immer noch lebende Menschen geben. Die Ankündigung, von Jesus und von Engeln an die trauernden Jünger gerichtet, er werde „wiederkommen", rief selbstverständlich die Erwartung hervor, das werde sich schon in Bälde ereignen. Und mit seinem Kommen käme in kurzer Zeit das „Ende der Welt". Die ersten Generationen der Christen nach dem Weggang Jesu mussten sich mit dem Problem abplagen, dass diese Erwartungen so nicht eintrafen. 2000 Jahre danach sind die gläubigen Christen immer noch in Erwartung, und es sieht nicht danach aus, dass die Erwartung sich bald erfüllen werde. Die „Welt" ist offensichtlich nicht bereit, den „wiederkommenden" Jesus willkommen zu heißen und sich der endgültigen Herrschaft Gottes zu unterwerfen. Und aus naturwissenschaftlicher Sicht ist zu erfahren: Ein „Ende der Welt" ist in absehbarer Zeit nicht zu erwarten.

So zeichnet sich die Möglichkeit ab, das „bald" und das „Kommen in Herrlichkeit" neu zu verstehen. Das heißt nicht: es zu ver-

Vor dem Richterstuhl

fälschen. Neu verstehen heißt es ernstzunehmen im Licht unseres 21. Jahrhunderts. Er kommt wieder in Herrlichkeit kann dann heißen: Er kommt wieder, indem wir alle, einer nach dem andern, bei ihm ankommen, wo wir ihn in seiner unverhüllten Herrlichkeit sehen werden. Und das wird, so wie wir die Kürze unseres Lebens erfahren, schon „bald" der Fall sein – es wird höchstens noch ein paar kurze Jahre dauern.

Bei unserem Kommen zu ihm wird er Gericht halten. Wie könnte das zu verstehen sein? Die Ankündigungen, zum Beispiel beim Propheten Daniel, verwenden auch bei diesem Thema Bildmaterial. Richterstuhl ist ein solches Bild. Die Bücher, in denen die menschlichen Taten und Untaten verzeichnet sind, gehören zu dieser Bilderwelt. Und Gott selber wird dem menschlichen Bilderdenken unterworfen, obwohl er das verboten hat. Er wird gezeichnet als ein alter Mann mit weißen Haaren und als eine Art oberster Justizbeamter, der in einer Person Ankläger und Richter ist. Sich von solchen Bildern freizumachen ist nicht menschliche Anmaßung; es bedeutet vielmehr, Gott die ihm schuldige Ehre zu erweisen.

Ausgangspunkt beim Überlegen, wie Gericht Gottes ohne die Bilder verstanden werden könnte, ist der Glaube an den Gott, den Jesus von Nazaret verkündet hat, und der Glaube an sein Evangelium. Ausgangspunkt ist also die feste Glaubensüberzeugung: Menschen werden durch den Gott Jesu aus dem Tod gerettet, sie begegnen diesem Gott unmittelbar. Dann kommt, wie das Evangelium nach Johannes sagt, alles ans Licht. Im hellen Licht Gottes erkennt der Mensch, was er nach dem Willen Gottes hätte werden können und was er nicht geworden ist. Aber auch das Gute, das Gelungene, kommt ans Licht. Menschlich gesprochen muss eine solche Selbsterkenntnis schmerzen. Zugleich aber wird Gott im hellen Licht erkannt, als der Vater, dem kein Kind verloren geht und der das zu ihm heimkehrende Kind in Liebe aufnimmt.

Vor dem Richterstuhl

So ließe sich das *individuelle Gericht* Gottes verstehen, das den einzelnen Menschen sogleich im Augenblick seines Todes trifft, als Selbsterkenntnis und als Begnadigung. Von diesem besonderen Gericht spricht die Tradition der katholischen Kirche seit dem 14. Jahrhundert. Die biblischen Zeugnisse sprechen eingehender von Gottes *universalem Gericht*, wenn Gott die Bilanz anschaut, die ihm zeigt, was aus seiner Schöpfung und aus der Geschichte der ganzen Menschheit geworden ist. Sehr schön sagt dazu der evangelische Theologe Jürgen Moltmann (geboren 1926):
„Das Endgericht ist kein Urbild für kaiserliche oder königliche Gerichte. Es handelt sich um Gott und seine schöpferische Gerechtigkeit, und die ist ganz anders als unsere irdischen Formen von Gerechtigkeit. Das sogenannte ‚jüngste Gericht' ist nichts anderes als die universale Offenbarung Jesu Christi und die Vollendung seines Rettungswerkes. Im ‚Gericht' des gekreuzigten Christus wird kein ‚Sühnestrafrecht' exerziert. Es werden keine ewigen Todesstrafen verhängt. Die endgültige Ausbreitung der rechtschaffenden, göttlichen Gerechtigkeit dient dem ewigen Reich Gottes, nicht der abschließenden Wiederherstellung einer verletzten göttlichen Weltordnung. Das Endgericht ist kein Ende, sondern der Anfang. Sein Ziel ist die Wiederbringung aller Dinge für den Aufbau des ewigen Reiches Gottes."

Die spätmittelalterliche Kunst hat ein Bild gefunden, das gleichermaßen für das individuelle wie für das universale Gericht zutrifft, den „Gnadenstuhl". Gott Vater hält den Menschen das Kreuz Jesu Christi entgegen. Es ist die Antwort Gottes auf jede Schuld der Menschen.

„Siehe da, euer Gott! Rache zu üben kommt er", sagt der Prophet Jesaja (35,4). „Gottes Rache ist Liebe, ist verzeihende Güte" (Benedikt XVI.)

Läuterung im Jenseits?

Das Jenseits. „Auf Wiedersehen im Jenseits" – so können sogar moderne Menschen sprechen. Mit dem Wort „Jenseits" kann man sich verständigen, auch ohne dass man sogleich ein religiöses Bekenntnis damit verbindet. Man denkt nicht ohne weiteres an den „Himmel". In diesem Wort „Jenseits" schwingen uralte Vorstellungen der Menschheit mit. Es waren zunächst räumliche, geradezu geographische Vorstellungen, die im Altertum, in vorchristlicher Zeit, mit dem Weltbild zusammenhingen. Als man den „Himmel" sich wie ein Gewölbe über der Erde vorstellte, unter Umständen wie ein Gewölbe aus mehreren „Schalen", mit einem dritten, einem siebten Himmel, da nahm man an, dass sich oberhalb dieses Gewölbes der Bereich des Göttlichen befand. In der Religion der alten Griechen und Römer war dort der „Götterhimmel" mit dem merkwürdigen Treiben großer und kleiner Götter, mit dem Göttervater, der von dort her Blitze gegen seine Feinde schleuderte. Das Erleben der Natur mit ihren Blitzen und Donnern stand Pate beim Entstehen dieser Ideen. Im vorchristlichen Judentum, etwa in den Visionen der Propheten Jesaja und Ezechiel, und noch im frühen Christentum nahm man den Thronsaal Gottes oberhalb dieses Himmelsgewölbes an. Dort befanden sich Erzengel als Thronwächter, Myriaden von Engeln als dienstbare Geister. Es wäre das höchste Glück der Erdenkinder, dorthin gelangen zu dürfen. Dieses war das positive „Jenseits" der Erde, absolut nicht rein geistig, sondern massiv örtlich gedacht, eine Stätte der Seligkeit.

Als man die Erde, die Wohnstätte der Menschen, als eine Scheibe dachte, die auf dem Weltmeer schwimmt, war das negative „Jenseits" identisch mit der Unterwelt, die man sich unterhalb der Erdscheibe vorstellte. Dort, meinte man, hielten sich die verstorbenen Menschen auf, die doch nicht einfach tot waren, sondern die als graue Schatten weiterlebten. Das musste nicht un-

Läuterung im Jenseits?

bedingt ein Ort der Strafe sein (darüber wird später einiges bei „Hölle" gesagt), aber es galt als unerfreuliches „Jenseits". Menschliche Phantasie malte sich schon in vorchristlicher Zeit diese Lokalitäten bis ins einzelne aus. Vorchristliche jüdische Schriften wie etwa das Buch Henoch schildern Kammern, Höhlen, Berge und Täler. Schluchten und Flüsse, Brücken und Burgen gehörten manchmal auch zu dieser „Jenseitsgeographie".

Im Christentum lebten diese Auffassungen von einer Jenseitswelt bis zum Beginn der Neuzeit weiter. Jesus selber scheint sich wenig bei diesen Einzelheiten aufgehalten zu haben. Für ihn war es eine Selbstverständlichkeit, dass es keine wirklich toten Menschen gibt, sondern dass die Verstorbenen im „Jenseits" weiterleben. Waren es gerechte und gottesfürchtige, also Gott wohlgefällige Menschen, dann durften sie bei Gott leben. Jesus nannte ihn den „Gott der Lebenden" (zum Beispiel im Markusevangelium 12,27). Die Evangelien nennen solche Menschen beim Namen: Abraham, Isaak, Jakob, Mose, Elija.

Nur einmal gibt es bei Jesus eine Erzählung, aus der man örtliche Andeutungen herauslesen konnte:

„Es war ein reicher Mann, der kleidete sich in Purpur und feine Leinwand und lebte alle Tage herrlich und in Freuden. Ein Armer aber namens Lazarus lag mit Geschwüren bedeckt vor seinem Portal. Gern hätte er den Hunger gestillt mit dem, was von dem Tisch des Reichen fiel. Indes die Hunde kamen und leckten seine Geschwüre. Da begab es sich, dass der Arme starb und von den Engeln in Abrahams Schoß getragen wurde. Der Reiche aber starb ebenfalls und wurde begraben. Als er im Totenreich, mitten in seinen Qualen, seine Augen erhob, sah er Abraham von ferne und Lazarus in seinem Schoß. Da rief er laut: ‚Vater Abraham, erbarme dich meiner und sende Lazarus, dass er die Spitze seines Fingers ins Wasser tauche und meine Zunge kühle; denn ich leide große Pein in dieser

Läuterung im Jenseits?

Feuersglut.' Doch Abraham sprach: ‚Sohn, denke daran, dass du dein Gutes in deinem Leben empfangen hast, Lazarus ebenso das Schlechte. Jetzt dagegen wird er hier getröstet, du aber wirst gepeinigt. Und außerdem besteht zwischen uns und euch eine große Kluft, damit die, welche von hier zu euch hinüber wollen, es nicht können, und ebenso wenig können die von drüben zu uns herüberkommen.'

Da sagte er: ‚Dann bitte ich dich, Vater, dass du ihn in das Haus meines Vaters schickst – ich habe nämlich fünf Brüder –, dass er ihnen Kunde bringe, damit nicht auch sie an diesen Ort der Qual kommen.' Doch Abraham sprach: ‚Sie haben Mose und die Propheten, auf sie sollen sie hören.' Er aber sagte: ‚Nein, Vater Abraham! Wenn aber einer von den Toten zu ihnen kommt, werden sie umkehren.' Doch er sprach zu ihm: ‚Wenn sie auf Mose und die Propheten nicht hören, werden sie sich auch nicht überzeugen lassen, wenn einer von den Toten aufersteht'" (Lukasevangelium 16, 19–31).

Die gleichsam geographischen Andeutungen in dieser eindringlichen und in ihrem Gehalt immer aktuellen Geschichte sagen, dass es im „Jenseits" verschiedene Orte gibt, die durch eine unüberwindliche Kluft von einander getrennt sind, die aber in Rufweite in der Nähe von einander sind. Viele Generationen von Christen haben darin eine Bestätigung der geographischen Ausmalungen des Jenseits durch Jesus selbst gesehen.

Da das Neue Testament sonst wenig zu derartigen Vorstellungen beiträgt, kamen von der kirchlichen Frühzeit an Erzählungen vom „Jenseits" zu hohen Ehren. Man spricht in der Wissenschaft von der „Visionenliteratur". Frauen und Männer, in der Mehrzahl Klosterinsassen, berichteten von Erlebnissen, bei denen sie in einer Art Ekstase eine Jenseitsreise antraten, oder von Träumen, in denen sie Einblicke in jene Welt erhielten. Dadurch wurden die Lücken ausgefüllt, die von der Bibel offen geblieben waren. Die

Läuterung im Jenseits?

älteste Erzählung dieser Art ist die Petrusapokalypse, entstanden um das Jahr 135 nach Christus, und die Visionenliteratur setzt sich fort bis in die Gegenwart (ein berühmtes Beispiel sind die Erzählungen von Fatima). Spätestens seit der Jenseitsreise, die der italienische Dichter Dante († 1321) in seiner „Göttlichen Komödie" schilderte, wurde man mehr und mehr darauf aufmerksam, dass es sich bei dieser Visionenliteratur um dichterische Phantasien handeln kann. Die Kenntnis von diesen Jenseitsvorstellungen ist unentbehrlich, wenn man die katholische Lehre vom Fegefeuer verstehen will.

Das Fegefeuer. Das Wort „Fegefeuer" kommt nur im Deutschen vor. „Fegen" ist ein zum Teil in deutschen Dialekten geläufiges Wort für „reinigen". Dem Feuer schrieb man im Altertum reinigende Kraft zu. Dass Verstorbene im „Jenseits" durch Feuer von schuldhaften Resten des Erdenlebens gereinigt würden, geht auf eine Stelle im 1. Korintherbrief des Apostels Paulus zurück:
„Einen andern Grund kann niemand legen als den, der gelegt ist, welcher Jesus Christus ist. Wenn aber jemand auf den Grund Gold, Silber, Edelsteine, Holz, Heu, Stroh baut, so wird eines jeden Werk offenbar werden, denn der Tag wird es kundmachen, weil er sich in Feuer offenbart; und wie eines jeden Werk beschaffen ist, wird das Feuer erproben. Wird jemandes Werk, das er darauf gebaut hat, bleiben, so wird er Lohn empfangen. Wird jemandes Werk verbrennen, so wird er Schaden leiden; er selbst aber wird gerettet werden, doch so wie durch Feuer hindurch" (3,11–16).
Die im katholischen Glauben gemeinte Sache heißt in anderen Sprachen und so auch in der amtlichen kirchlichen Sprache „purgatorium"; dieses mittelalterliche Wort kann sowohl die Reinigung als auch den Ort der Reinigung bezeichnen. Heute besteht auch unter katholischen Theologen Übereinstimmung darin, dass es kein klares, eindeutiges Zeugnis in der Heiligen Schrift

Läuterung im Jenseits?

für die Existenz eines Fegefeuers gibt. Der berühmte französische Mittelalterforscher Jacques Le Goff (geboren 1924) behauptete in seinem Werk „Die Geburt des Fegefeuers" (1981, deutsch 1984), das Fegefeuer sei im 12. Jahrhundert „erfunden" worden. Diese Meinung ist falsch.

Die Auffassung, nach dem Tod eines Menschen bedürfe dieser unter Umständen einer Reinigung oder Läuterung, ehe er der Gegenwart Gottes würdig wäre, geht auf das Bußverfahren in der alten Kirche zurück. Sie wird in Andeutungen greifbar in Zeugnissen aus dem 3. Jahrhundert nach Christus für den Osten wie für den Westen der Kirche (Klemens von Alexandrien, Origenes – Tertullian, Cyprian).

In der alten Kirche herrschte die biblisch bestens bezeugte Auffassung, die Reue eines Sünders, seine Einsicht und sein Wille zur Umkehr, werde durch die zuvorkommende Gnade Gottes bewirkt, und diese gottgewirkte Reue tilge die Schuld des Sünders. Nun sei aber nach dem Willen Gottes die völlige Vergebung der Schuld an einen kirchlichen Prozess, an ein Verfahren gebunden. Denn die Kirche solle als treue Zeugin Gottes nach dem göttlichen Willen rein und heilig sein, und diese Reinheit und Heiligkeit würden beschädigt durch die schwere Schuld der Sünder. Sie mache das Zeugnis der Kirche zur Lüge, denn die Kirche behaupte weiterhin, etwas zu sein, was sie nicht ist, nämlich rein und heilig. Deshalb gehöre es zum Willen Gottes, dass die von ihm gewirkte Reue nicht genüge zur völligen Vergebung. Der Mensch mit schwerer Schuld müsse sich auch mit der Kirche versöhnen, die er beschädigt hat; erst danach sei der Vorgang der Vergebung vollständig und abgeschlossen.

Nun bestand die alte Kirche, wie wir aus Zeugnissen vom 3. und 4. Jahrhundert an wissen, darauf, dass ein reuiger Sünder die Echtheit seiner Reue und seiner Umkehr durch schwere, lang andauernde Bußleistungen beweise. Die Anforderungen waren so schwer, dass sie sich bei vielen Menschen bis ans Lebensende hin-

Läuterung im Jenseits?

zogen, ja, dass viele starben, ehe sie diese Bußleistungen vollendet hatten. Es setzte sich in der alten Kirche die Überzeugung durch: die Buße, die im irdischen Leben nicht zu Ende gebracht worden war, muss im „Jenseits" weiter erbracht werden. Hierin ist die „Geburt des Fegefeuers" zu finden.

Einen biblischen Anhaltspunkt sah man beispielsweise in der folgenden Gleichniserzählung Jesu, die das Matthäusevangelium überliefert hat:

> „Das Reich der Himmel ist gleich einem König, der mit seinen Knechten abrechnen wollte. Als er aber anfing abzurechnen, wurde einer vor ihn gebracht, der war zehntausend Talente schuldig. Weil er jedoch nicht bezahlen konnte, befahl der Herr, dass er und seine Frau und seine Kinder und alles, was er hatte, verkauft und die Zahlung geleistet würde. Der Knecht warf sich nun vor ihm zu Boden und sagte: Habe Geduld mit mir, und ich will dir alles bezahlen. Da hatte der Herr Erbarmen mit jenem Knecht und gab ihn frei, und die Schuld erließ er ihm.

Als aber jener Knecht hinausging, fand er einen seiner Mitknechte, der ihm hundert Denare schuldig war, und er ergriff ihn, würgte ihn und sagte: Bezahle, wenn du etwas schuldig bist! Sein Mitknecht warf sich nun nieder und bat ihn: Habe Geduld mit mir, und ich will dir's bezahlen. Er aber wollte nicht, sondern ging hin und ließ ihn ins Gefängnis setzen, bis er die Schuld bezahlt hätte. Als nun seine Mitknechte sahen, was geschehen war, wurden sie sehr betrübt und kamen und berichteten ihrem Herrn alles, was geschehen war. Da ließ sein Herr ihn herbeirufen und sagte zu ihm: Du böser Knecht, jene ganze Schuld habe ich dir erlassen, weil du mich batest; hättest nicht auch du dich deines Mitknechtes erbarmen sollen, wie ich mich deiner erbarmt habe? Und sein Herr wurde zornig und übergab ihn den Folterknechten, bis er alles bezahlt hätte, was er ihm schuldig war.

Läuterung im Jenseits?

So wird auch mein himmlischer Vater euch tun, wenn ihr nicht jeder seinem Bruder von Herzen vergebt" (18,23–35).

Die Formulierung „bis er alles bezahlt hätte" bedeutet die Möglichkeit einer späteren Vergebung; eine ewige Strafe ist nicht in Sicht.

Bei der weiteren Ausarbeitung der kirchlichen Reinigungslehre ergab sich eine unterschiedliche Schwerpunktsetzung: Im kirchlichen Osten verstand man das Büßen nach dem Tod als Chance der Heilung, im lateinischen Westen sah man darin eher Strafe und Sühneleistung. Der kirchliche Osten, heute durch die verschiedenen Formen nationaler Kirchen (griechisch-orthodox, russisch-orthodox usw.) geprägt, blieb bei dieser Auffassung bis heute: Verstorbene bedürfen einer Läuterung, einer Heilung; man kann für sie beten, aber mehr dazu hat Gott nicht geoffenbart; mehr lässt sich nicht sagen. – Anders der lateinische Westen. Dort hielt man es nicht nur für sinnvoll, für Verstorbene zu beten. Man erarbeitete auch eine genauere Theorie über das läuternde Geschehen im „Jenseits." Klarer Ausgangspunkt war: Bei den Verstorbenen in der Reinigung handelte es sich nicht um Todsünder, solche, die ohne Reue mit einer schweren Sünde verstorben waren. Diese waren ja, so nahm man an, im Augenblick des Todes bereits in die ewige Hölle versetzt worden. Es handelte sich aber auch nicht um solche, die ohne jede Schuld, ob schwer oder leicht, gestorben waren. Diese waren im „Himmel". Übrig blieben diejenigen, die mit einer leichteren Schuld gestorben waren, oder aber auch diejenigen, die ihre Bußleistungen für frühere bereute Sünden noch nicht vollständig erbracht hatten. Das, was an diesen Leistungen im „Jenseits" noch übrig war, nannte man „Sündenstrafen."

Die amtliche römisch-katholische Lehre über dieses Reinigungsgeschehen nach dem Tod stellte von Anfang an klar, dass es sich nicht auf schwere Sünden bezog, sondern allenfalls auf leichte Verfehlungen, die man nicht zu beichten brauchte. Angestrebt wurde die Erleichterung der „Sündenstrafen."

Läuterung im Jenseits?

Mit der Entwicklung der Seelenlehre auf der einen Seite und mit den Vorstellungen einer „Jenseitsgeographie" auf der anderen Seite entstand im Mittelalter eine volkstümliche Auffassung vom „Fegefeuer", die nicht zur amtlichen katholischen Lehre gehört. Danach wäre das „Fegefeuer" eine Örtlichkeit im Jenseits, angefüllt mit „Armen Seelen". Diese würden mit Feuer gequält und gereinigt (hierfür gibt es in der kirchlichen Kunst viele Abbildungen). Der einzige Unterschied zur Strafhölle der Verdammten wäre die Gewissheit dieser „Armen Seelen", dass sie nach dem Verbüßen ihrer Strafe in die Seligkeit des Himmels aufgenommen würden.

Die mittelalterlichen Päpste wussten, dass sie keine Vollmacht über Himmel und Hölle hatten. Anders aber bei diesem Reinigungsgeschehen nach dem Tod. Sie führten „Ablässe" ein, zunächst Gebete (und „Messopfer"), mit denen man die Zeit der „Sündenstrafen" abkürzen wollte. Diese Gebete konnte man nach Auffassung der mittelalterlichen Päpste auch durch „gute Werke", zum Beispiel durch Geldspenden „für einen guten Zweck", ersetzen. Die spätmittelalterlichen Päpste erschlossen sich dadurch willkommene Geldquellen. An diesem Brauch oder Missbrauch entzündete sich die Reformation Martin Luthers:
Seither lehnen die evangelischen Christen im allgemeinen die römisch-katholische Lehre vom „Fegefeuer" ab, einmal deshalb, weil es in der Bibel kein Fundament dafür gebe, und zum andern deswegen, weil gläubige Sünder ihre Rechtfertigung vor Gott durch den Glauben an das Kreuz Jesu Christi empfingen und es danach nichts mehr zu büßen gebe.
Das Konzil von Trient im 16. Jahrhundert formulierte die bis heute gültige katholische Lehre: Das „purgatorium" existiert; damit ist man nicht auf die volkstümliche Örtlichkeit und auf Gedanken über zeitliche Dauer festgelegt, es kann sich auch um eine nicht-örtliche und nicht andauernde Läuterung handeln. Bei die-

Läuterung im Jenseits?

sem Vorgang, so die amtliche Lehre weiter, können die auf Erden lebenden Gläubigen den Büßenden helfen. Vor abergläubischen Vorstellungen wird ausdrücklich gewarnt. Im 20. Jahrhundert hat Papst Paul VI. an der überkommenen Ablass-Lehre festgehalten.

Heutige katholische Christen, die der amtlichen Lehre ihrer Kirche zustimmen, könnten diese Lehre folgendermaßen verstehen: Wenn ein Mensch im Tod durch das helle Licht Gottes zu einer Selbsterkenntnis gelangt und dabei Defizite seines Leben sehen muss, dann trägt dies unvermeidlich auch schmerzhafte Züge an sich. Zugleich ist ihm durch die Liebe Gottes die Möglichkeit einer Integration des Verkehrten und damit einer radikalen Heilung eröffnet. Zeitliche Spekulationen, wie lange eine solche Erkenntnis dauern könnte, sind müßig. Das Gebet für die Verstorbenen ist ein Ausdruck der bleibenden Solidarität mit ihnen und zugleich ein Bekenntnis des vertrauenden Glaubens, dass die Verstorbenen in Gott geborgen und so „gut aufgehoben" sind.

Evangelische Christen können eine neue Sicht auf eine Läuterung im Tod gewinnen und zugleich mit der Reformation eine Sühneleistung im „Jenseits" ablehnen. So sagt der evangelische Theologe Jürgen Moltmann:
„Ich werde noch einmal auf mein Leben zurückkommen und im Licht der Gnade Gottes und in der Kraft seiner Barmherzigkeit das Verquere zurechtrücken, das Angefangene zu Ende bringen, das Versäumte nachholen, die Schulden vergeben, die Schmerzen ausheilen und die Momente des Glücks aufsammeln und die Trauer in Freude verwandeln dürfen. Das heißt nicht, dieses Leben noch einmal leben zu wollen. Das heißt auch nicht, nach dem gnadenlosen Karma-Gesetz mit Wiederholungen bestraft zu werden. Das heißt endlich gar nicht, auf einer neuen Entwicklungsstufe seine unerfüllten Lebensaufgaben nachzuarbeiten. Aber es heißt denn doch, die Chance

Läuterung im Jenseits?

zu bekommen, die oder der zu werden, die eine oder der einer nach Gottes Bestimmung sein sollte. Ist jeder Mensch, wie wir gern sagen, ein eigener Gedanke Gottes, dann wird Gott daran liegen, dass dieser Gedanke auch seine eigene Verwirklichung und seine gelungene und vollendete Gestalt gewinnt. Sollte unser Tod ihn daran hindern können?"

Es liegt auf der Hand: Solche Gedanken sind auch von großer Bedeutung für die christliche Hoffnung im Hinblick auf allzu früh verstorbene oder auf ermordete Menschen, auf das behinderte und kranke oder auf das kaum begonnene Leben.

Im Unterschied zur lateinischen Tradition greift Moltmann auf die große ostkirchliche Überzeugung zurück, die ebenfalls Heimatrecht in der einen Kirche Jesu Christi hat. Der lateinische Westen sah in der Reinigung eine sinnenhafte Strafe, ein Sühneleiden. Diese Meinung ist für Christen nicht verpflichtend. Der kirchliche Osten fasste die Läuterung als Heilung und Besserung auf. Das betrifft nicht nur die Sünder, sondern auch die Kranken, die vom Leben Beschädigten, die Zu-kurz-Gekommenen.

Verdammt in alle Ewigkeit?

Geh doch zum Teufel!" – „Der hat mir das Leben zur Hölle gemacht." – „Die Hölle von Stalingrad." – „Im Himmel ist die Hölle los" (Filmtitel). Zumindest in Redewendungen leben die Hölle und der „Höllenfürst" weiter. Werden sie noch ernst genommen? Für kirchlich interessierte Menschen stellt sich manchmal die Frage: Warum liest man in den Gottesdiensten die alten Höllentexte noch vor? Gehören sie nicht, wie so vieles, zu einer alt-ehrwürdigen Tradition, die einem heute nichts mehr sagt, mit der man in seinem Leben heute nichts mehr anfangen kann? Ein Blick in die Herkunft und Geschichte dieser Tradition hilft vielleicht, das Thema „Hölle" richtig einzuordnen.

Woher die Höllenangst? Die Vorstellung, dass Menschen, die mit einer schweren Schuld sterben, im „Jenseits" furchtbar gestraft werden, ist nicht typisch christlich. Sie tritt in den Religionen des alten Nahen Ostens und im Mittelmeerraum ebenso auf wie im Hinduismus, im Buddhismus, im Islam und in Volksreligionen der sogenannten Dritten Welt. Aber eine einheitliche Höllenvorstellung gibt es nicht. In der Mehrzahl der Zeugnisse sind die Jenseitsstrafen zeitlich befristet.

Von der weit verbreiteten Meinung, die Menschen würden den Tod überleben und wie graue Schatten in der Unterwelt weiterexistieren, war hier schon die Rede. Mit dem Ausmalen des Lebens im „Jenseits" beginnt die Meinung, auch jenseits des Todes müssten Recht und Gerechtigkeit herrschen. Zeugnisse dafür sind aus Ägypten wie aus Babylon schon vom 2. vorchristlichen Jahrtausend an erhalten. Andere Texte zeigen, wie solche aus dem 8. vorchristlichen Jahrhundert aus Assyrien, wie man dort das Totenreich als Ort grausamster dämonischer Willkür fürchtete.

Überall, wo sich statt der Ergebung in schicksalhafte Willkür die Überzeugung vom Sieg ethischer Prinzipien durchsetzte, begann man an das Durchsetzungsvermögen der Gerechtigkeit im

Verdammt in alle Ewigkeit?

„Jenseits" zu glauben. Zugleich dachte man sich die Bestrafung unterschiedlich, je nach der Schwere der Schuld, die ein Mensch während seines irdischen Lebens auf sich geladen hatte. Ägyptische Texte des 1. vorchristlichen Jahrtausends sprechen von brutalsten Quälereien der Toten im „Jenseits", die offenbar das Ziel haben sollten, hoffnungslos Böse Zug um Zug auszurotten, das heißt, sie nach dem Vollzug der ausgleichenden Gerechtigkeit völlig zu vernichten. Iranische Texte aus der zweiten Hälfte des 1. Jahrtausends vor Christus lassen die Möglichkeit eines guten Ausgangs, einer Läuterung durch sehr harte Strafen, offen.

Überall erlag man der Versuchung, das Jenseitsgeschehen bildhaft, wenn auch unterschiedlich intensiv, auszumalen. So setzte sich die befriedigende Vorstellung durch, dass niemand, auch nicht der Pharao, auch nicht die Tyrannen, der ausgleichenden Gerechtigkeit entkäme. Dadurch hat man die irdischen Obrigkeiten entscheidend relativiert. Deren Bestrafung wurde, so wie die aller Gewalt- und Unrechttäter, sadistisch illustriert. Damit entlasteten sich leidende Menschen. Die Überzeugung von einem jenseitigen Gerichtsverfahren diente auch der Einschärfung sozialer Sensibilität und Normen.

Diese kurz genannten Prozesse des Denkens und der Phantasie, die auf die christliche Hölle zuliefen, fanden den einflussreichsten literarischen Niederschlag im Schrifttum der Griechen und Römer. Im 4. Jahrhundert vor Christus ließ Platon in mehreren Schriften die Motive seines Jenseitsdenkens und Vorstellungen vom „Jenseits" in Gestalt alter Mythen durch den Philosophen Sokrates darlegen. Der Tod eröffnet, das war die dort vertretene Überzeugung, die Möglichkeit, gerechtes Tun zu belohnen, ungerechtes zu bestrafen. An sich hat die Bestrafung das Ziel, Einsicht und Besserung zu bewirken. Nur im Fall absoluter Uneinsichtigkeit würden die Strafen, zur Abschreckung für die Nachwelt, ewig dauern. Da es Platon wesentlich um die gerechte Gesellschaft, um

Verdammt in alle Ewigkeit?

das Problem der Macht und um den offenkundigen Missbrauch der Macht ging, sind seine Höllentexte in erster Linie drohend gegen Inhaber weltlicher, politischer Macht gerichtet. Die ungerecht Behandelten sollten im Tod Genugtuung und vollen Ausgleich erhalten. Die gedanklichen Reflexionen des Philosophen wurden illustriert durch Beschreibungen des jenseitigen Totengerichts und durch Ausmalen der jenseitigen Geographie mit schauerlichen Landschaften, angsterregenden Flüssen und Seen und schrecklich dargestellten Foltern der schuldbehafteten „Seelen".

In der alten christlichen Kirche stand Platon in höchstem Ansehen. Manche Kirchenväter meinten, er habe die hebräische Bibel gekannt. Daher galten seine Ausführungen zu jenseitiger Abrechnung und Geographie als in höchstem Maß glaubwürdig. Namentlich die lateinischen Kirchenväter teilten seine Idee der Gerechtigkeit, die nicht existieren würde, hätte sie nicht über den Tod des einzelnen Menschen hinaus Geltung und Wirkmächtigkeit.

Die griechischen Unterweltsvorstellungen wurden vor allem durch Cicero in die römische Welt weitergegeben. Eigenständig literarisch verarbeitet wurden sie durch Vergil im VI. Buch seiner „Aeneis". In der christlichen Kirche stand er in hohem Ansehen, seit Kaiser Konstantin das „göttliche Kind" in Vergils Dichtung – gemeint war Kaiser Augustus – auf Jesus gedeutet hatte. Seine Hölleneinflüsse sind namentlich bei Augustinus und Dante greifbar. Aus Vergils Dichtung werden die ethischen Ideale seiner Zeit und Gesellschaft deutlich: Ehrfurcht vor den Göttern, Vaterlandsliebe, Gerechtigkeit zumal gegenüber Schwachen, Treue zu Ehegatten und Verwandten. Schwere Verfehlungen dagegen führen in die ewige Hölle. Weitaus die meisten Menschen sind aber nicht für immer verdammt, sondern sie werden im „Jenseits" mit dem Ziel der Einsicht und Besserung gepeinigt und sind danach zur Bewährung in einer Wiedergeburt (Reinkarnation) bestimmt.

Die jenseitige Welt der griechischen und römischen Antike war ideell von der juristischen und ethischen Gedankenwelt ihrer Zeit geprägt. Entsprechend dem damaligen „Weltbild" hielt man die jenseitige Gegenwelt für wirklich existierend; überwiegend nahm man sie in den Tiefen der Erde an. Bildhafte Vorstellungen prägten die Gerichts- und die Strafszenerie: Die Menschen existieren nach dem Tod schattenhaft weiter, weisen aber eine individuelle Gestalt auf, die ihre Identität sichert, bei aller Andersartigkeit des Lebens im „Jenseits".

Biblische Höllentexte. Bei der Verbreitung solcher Höllenvorstellungen ist es nicht erstaunlich, dass sie schon in alten („vorexilischen") Texten Israels ihre Spuren hinterlassen haben. Zunächst ist jedoch die Unterwelt für Israel kein Straf- und Quälort. Aber langsam setzt sich der Gedanke einer notwendigen ausgleichenden Gerechtigkeit durch. Die Unterwelt wird mit Strafrequisiten ausgestattet, von denen der maßlos weit aufgesperrte Rachen (Jesaja 5,14; Kohelet 6,7 und öfter), der Wurm, der niemals stirbt, und das Feuer, das nie erlischt (Jesaja 66,24; Judit 16,17), in späteren christlichen Höllentexten unentbehrlich werden.

Die Bedrängnisse Israels durch auswärtige Mächte ließen die Hoffnungen auf Errettung der Gerechten zu Gott mächtig aufblühen. Zunächst genügte es zu sagen, Gott werde das „Ich" des Getreuen festhalten und in Ewigkeit nicht zugrunde gehen lassen (Psalmen 16,10f., 49,16; 73,23f.). Danach aber sieht man es bei Gottes endgültigem Eingreifen für notwendig an, dass Gerechte und Ungerechte mit ihren Leibern vom Tod auferweckt werden, um in der Ganzheit ihres Menschseins glanzvolle Verherrlichung oder aber schmachvolle Bestrafung zu erfahren.

Neben vielen außerbiblischen Texten findet sich diese Ansicht im Buch Daniel (12,1–3).

Auch *Jesus von Nazaret* muss bei den Höllenzeugnissen in Israel genannt werden, und zwar in zweifacher Hinsicht. Seine Verkündigung der in ihm nahegekommenen Herrschaft Gottes stand unter dem Vorzeichen: Eine Entscheidung ist dringlich. Diese würde

Verdammt in alle Ewigkeit?

über Heil oder Unheil eines Menschen vor Gott entscheiden. Jesus sah außerhalb des Reiches Gottes einen anderen Bereich, den Bereich „draußen" unter der Herrschaft der gottwidrigen, todbringenden Chaosmächte. Die heilende Praxis Jesu und seiner Jünger war gegen diese Mächte gerichtet. Er kam also in seiner Predigt nicht ohne das Motiv des scheidenden Gottesgerichtes aus – wer würde drinnen sein, wer müsste draußen bleiben? Bei einem Unheils-Urteil Gottes würde das bestätigt, was ein Mensch aus freiem Willen selber wollte: draußen bleiben. Das Urteil Gottes würde sich nicht gegen Kleine und Schwache richten, sondern gegen Hochfahrende, Selbstherrliche und Unbarmherzige. Es handelt sich also um die Betonung eigener Verantwortlichkeit und um tödlich-ernste Hinweise auf die Folgen. Man kann das nicht dadurch entschärfen, dass man Jesus davon zu entlasten und alles Bedrohliche späteren Gemeindebildungen zuzuschieben versucht.

Die ernsthaften, dringlichen Mahnungen wurden von Jesus selber mit geläufigen Höllenrequisiten illustriert. So wird Jesus selber von der Gefahr, in die Hölle „geworfen" zu werden, gesprochen haben (zum Beispiel im Markusevangelium 9,43–48). Das Neue Testament verwendet im Griechischen für „Hölle" das Wort „Gehenna", selten auch aus der heidnischen Antike „Hades" oder „Tartaros". „Gehenna" kommt von hebräisch „ge-hinnom", das Hinnomtal bei Jerusalem, das beim Propheten Jeremia in den Kapiteln 7 und 19 verflucht wird. Im Neuen Testament war es bereits der sprichwörtliche Ort des endgültigen Unheils geworden, an dem Verworfene mit dem Wurm, der nicht stirbt, und durch das Feuer, das nie erlischt, bestraft werden. Jesus hat zweifellos solche sprichwörtlichen Redewendungen illustrierend drohend eingesetzt. Evangelisten wie Matthäus haben sie wohl an weiteren Stellen verschärft. Man kann Jesus von den Drohworten nicht einfach freisprechen. In der Drohung „Wer aber sagt: Du Tor!, der soll der Hölle mit ihrem Feuer verfallen" (Matthäusevangelium 5,22) wird der Satz bis auf die Worte „mit ihrem Feuer" von Jesus

Verdammt in alle Ewigkeit?

selber stammen. Auch die früher im Wortlaut angeführte Erzählung vom reichen Verschwender und dem armen Lazarus (Lukasevangelium 16,19–31), die auf ein orientalisches Märchen Bezug nimmt, wird von Jesus selber stammen. Eine Gemeindebildung wird allenfalls die große Gerichtsszene im Matthäusevangelium 25,31–46 sein. Mit ihrer Parallelsetzung von „ewigem Leben" und „ewiger Strafe" („ewigem Feuer") war sie im Christentum besonders folgenreich. Autoritäten wie Augustinus schlossen daraus, wenn die Dauer der Seligkeit unbegrenzt sei, müsse das gleiche auch von der Höllenstrafe gelten.

In der Bibelwissenschaft wird weithin darauf hingewiesen, aus den neutestamentlichen Höllentexten ergäben sich keinerlei Informationen über die endgültige Gestaltung der Zukunft durch Gott. Sie enthielten auch keine Fakten, die mit dem Anspruch auf Glauben vorgetragen würden. Ebenso könne aus den positiven Verheißungen nicht auf eine unfehlbar automatisch eintretende Seligkeit für alle Menschen geschlossen werden. Die erkennbare Absicht der Texte sei, den Ernst diesseitiger Lebensentscheidungen einzuschärfen und je nachdem Warnungen oder Ermutigung auszusprechen. Die Freiheit des zukünftigen Verhaltens Gottes dürfe keinesfalls angetastet werden. Aber angesichts des heutigen Textbestandes des Neuen Testament lässt sich darauf hinweisen, dass Jesu letzte Worte nicht Höllendrohungen, sondern Vergebung (beim Abendmahl und am Kreuz) und heilvoller Friede (nach der Auferstehung) waren.

Ausmalungen und Theorien zur Hölle. Auch abgesehen von der Jesusverkündigung in den Evangelien lassen die neutestamentlichen Zeugnisse von Gericht und Hölle genau die Zielrichtungen und Absichten erkennen. Auf der einen Seite nahmen in den christlichen Gemeinden, wie die „Gemeinderegel" im Matthäusevangelium Kapitel 18 erkennen lässt, schon früh gegenseitiges Fehl-

Verdammt in alle Ewigkeit?

verhalten und, wie aus wiederholten Bemerkungen über eine nur einmalige Umkehrmöglichkeit klar wird, Abfall vom Glauben zu.

Auf der anderen Seite wuchsen die Bedrängnisse von außen, von der römischen Kaisermacht wie infolge der unseligen Trennung der Christengemeinden von den Synagogen. In beiderlei Hinsicht wurden von den Christen Höllendrohungen eingesetzt, im allgemeinen durchaus zurückhaltend und ohne drastische Ausmalungen.

Eine Ausnahme bildet die „Offenbarung nach Johannes" (Johannesapokalypse). Hier gehört nicht nur der Teufel (auch „Drache" und „Satan" genannt) mit seinen Trabanten zu den höllischen Requisiten. Die Hölle ist auch die Stätte, von der aus unheilvolle, teuflische Angriffe auf die Gläubigen geführt werden. Sie ist der „Feuersee", in den die vom göttlichen Richter Verurteilten geworfen werden. Die Gerichtsbücher gehören zu dem Szenario, das Gott die Merkmale eines Buchhalters aufprägte. Ein wesentlicher Trost dieses Buches für die bedrängten Christen besteht in der sicheren Ansage einer „Rache". Von da an gehört es zu den Höllenvorstellungen, dass nicht nur gottwidriges Verhalten mit ewigen Strafen geahndet, sondern dass auch den treuen und bedrängten Christen Genugtuung durch Stillung ihrer Rachebedürfnisse geleistet werden würde.

In der nun entstehenden *kirchlichen Höllentradition* lassen sich zwei Vorgehensweisen unterscheiden. Zeugnisse mit stark predigtartigem Charakter, „offizielle" Texte usw. wiederholen in unterschiedlicher Intensität einfach die biblischen Texte oder sie erzählen sie mit eigenen Worten nach, ohne sie zu entstellen, allerdings oft aus dem Zusammenhang gerissen und häufig mit dem Missverständnis, es handle sich um Informationen über eine jenseitige Welt, also ohne den Charakter der Texte als Warnungen in die Gegenwart genügend zu berücksichtigen. Die zweite Art von Zeugnissen besteht aus spektakulären Visionenerzählungen, in denen

Verdammt in alle Ewigkeit?

all das inhaltlich „aufgefüllt" wird, was der ersten, der biblischen Literaturgattung zu fehlen schien. Es ist klar, wie stark beide Elemente der Höllentradition miteinander zusammenhingen. Die zweite hätte ohne die erste in kirchlichen Kreisen nicht weiterbestehen können. Aber die zweite Art, Jenseitsvisionen, war nichts spezifisch Christliches. Solche Visionen wurden bereits von Homer an in der vorchristlichen Antike erzählt, und weit verbreitet waren sie in der „apokalyptischen" Literatur vor und nach Christi Geburt. Wellen von Visionen wurden immer wieder registriert; es gibt sie bis zur Gegenwart. Mit ihrer Hilfe konnte eine „Seelsorge durch Einschüchterung" entstehen. Visionen dienten zur Einschärfung klösterlicher Disziplin und wurden in den Kämpfen kirchlicher Kreise gegen die politische Macht eingesetzt.

Die Visionenberichte sind sehr gut erforscht und in Übersetzungen leicht zugänglich. Sie verraten auf der einen Seite deutlich pathologische Züge der Verfasser. Unter anderem äußern sich Sexualneurosen in schrecklich sadistischen Phantasien. Auf der anderen Seite spiegeln sie zeitgenössische gesellschaftliche Ordnungen, Justizauffassungen und Frömmigkeitsformen wider, so dass sie unersetzliche Geschichtsquellen sind.

In der Kunst der östlichen wie der westlichen Kirche finden sich vom 7. Jahrhundert an mannigfache Darstellungen der Hölle, ihrer Insassen und Qualen. (Noch frühere Abbildungen zeigen die Hölle im Zusammenhang mit dem Sonderthema des Höllenabstiegs Jesu Christi in seinem Tod.) In der Kunst, in Gebet- und Volksbüchern finden sich Höllenbilder, die stark von Visionenberichten geprägt sind.

Der kirchlich hoch angesehene Theologe Hans Urs von Balthasar († 1988) hat sich in zwei kleineren Büchern (Was dürfen wir hoffen? 1986; Kleiner Diskurs über die Hölle 1987) eingehend und kompetent mit dem Thema der Hölle in Theologie und Spiritualität beschäftigt. Er unterschied zwei Strömungen oder Gruppen, die sich

Verdammt in alle Ewigkeit?

beide auf die Heilige Schrift berufen können und die interessierte Christen deshalb zu einer Entscheidung herausfordern, zu welcher Gruppe sie gehören wollen: die „Wissenden" und die „Hoffenden". In der lateinischen Kirche war Augustinus († 430) von nachhaltigem Einfluss. Nach von Balthasars Urteil begründete er die Reihe der *„Wissenden".* Infolge seiner unerbittlichen Lehre über die positive und negative Vorherbestimmung sah er die übergroße Mehrheit der Menschen in der Hölle. Nur ganz wenigen, darunter ihm selber, sei die Hölle erspart. Diese kleine Zahl der Geretteten diente seiner Ansicht nach nur zur Illustration dessen, was Gottes Gnade hätte bewirken können – wenn Gott gewollt hätte. Als „Vater der Erbsünde" versetzte er auch die ungetauft gestorbenen Säuglinge in die Hölle. Wie die meisten Theologen der lateinischen Kirche verwandelte er die Warnungen der Bibel, das endgültige Schicksal sei nicht leichtfertig anzugehen, in klare Informationen über den Ausgang des Gerichts. Hans Urs von Balthasar meint, er habe damit „einen ungeheuren Schatten auf die Geschichte der westlichen Theologie geworfen."

Seit der Zeit der frühen Kirchenväter wurden die biblischen Höllentexte zu einem System zusammengefasst, zuletzt vervollkommnet in der Scholastik. Das System besagt:
- die Hölle existiert als Örtlichkeit
- die Höllenstrafen sind ewig
- keine Sünde bleibt ungestraft
- womit man sündigt, wird man bestraft
- nur das irdische Leben ist die Zeit der Gnade, mit dem Tod beginnt die Zeit unerbittlicher Vergeltung
- Gott ist es sich selber schuldig, Beleidigungen nicht ungesühnt zu lassen und den Opfern der Geschichte ausgleichende Gerechtigkeit zu gewähren.

Von den hier aufgezählten Thesen erlangten die beiden ersten und die fünfte kirchlich-amtliche Anerkennung. Im 14. Jahrhundert lehrte der Papst als Dogma, das endgültige Schicksal eines

Verdammt in alle Ewigkeit?

Menschen trete sofort mit seinem Tod ein, das gute wie das böse; es gebe keinen neutral-unentschiedenen Zustand des Wartens auf das große Endgericht beim „Ende der Welt". Die einzige Unsicherheit zwischen dem 14. und dem 20. Jahrhundert bestand in der Frage, was denn eine Todsünde sei, für die ein Mensch unweigerlich in die Hölle versetzt werde, wenn er sie nicht bereue. Den Seelsorgern waren damit Tür und Tor geöffnet, auch menschliche Schwachheiten zu Todsünden zu erklären. Bei den Höllenstrafen unterschied man die schwerer wiegende, nämlich den Verlust der selig machenden Gottesschau, von den zusätzlichen sinnenhaften Strafen, bei denen zwar über Hitze und Kälte, Feuer und Finsternis sowie über den nicht sterbenden Wurm viel spekuliert wurde, die aber immer stärker in den Hintergrund traten.

Der „Katechismus der katholischen Kirche" von 1992/1993 geht nicht über die Lehre des 14. Jahrhunderts hinaus. Die Bestimmung dessen, was eine Todsünde ist, bleibt den Seelsorgern überlassen: es muss sich um eine „wichtige Materie", ein „volles Bewusstsein" und einen „überlegten Entschluss" handeln. Was aber ist eine „wichtige Materie"?

In der Geschichte der kirchlichen Theologie und Spiritualität gab und gibt es eine echte Alternative zur Theorie der „Wissenden". Es war und ist die Auffassung der *„Hoffenden"*. Lange Zeit vor Augustinus lehnten im kirchlichen Osten Klemens von Alexandrien und Origenes im 3. Jahrhundert den Volksglauben über die Hölle ab. Sie hatten keinen Zweifel daran, dass Menschen vor und nach ihrem Tod einen mühseligen Prozess der Läuterung und Besserung durchmachen müssten, ehe sie fähig wären, Gott zu einer ewigen Partnerschaft zugemutet zu werden. Aber Gottes Güte und Liebe waren für diese Theologen so überwältigend groß zu denken, dass alle Schmerzen und Schrecken nur zum Wohl der geliebten Menschen gedacht sein könnten. Sie werden nicht hinweg interpretiert,

Verdammt in alle Ewigkeit?

sondern als Metaphern verstanden, die gewiss einen Realitätsgehalt haben. So ist für Origenes das Höllenfeuer eine Metapher für das Unausgeglichene, das einen Menschen quält. Seine Schmerzen sind die Vorwürfe eines beunruhigten Gewissens. Nach dem langen Prozess der Ablösung vom Bösen und des Wachstums an Weisheit und Erkenntnis würden schließlich doch *alle* Menschen in die liebende Gottesgemeinschaft hineingerettet werden.

Origenes hatte im Altertum im kirchlichen Osten viele und bedeutende Anhänger, die wie er der Meinung waren, das Wort „ewig" bei den Höllenstrafen könne nicht endlose Dauer bedeuten, da dies auf einen maßlos rachsüchtigen Gott schließen lasse. Alle so Denkenden wurden von überstrengen Wüsten-Mönchen angefeindet, die sich mit dem byzantinischen Kaiser verbündeten und Jahrhunderte nach dem Tod des Origenes 553 die Verurteilung der „Allversöhnungslehre" erreichten. Aber verwandte Ideen traten jedoch immer wieder an den Tag.

Die antiken Höllenvorstellungen hatten einen Teil ihrer Stärke aus der unbekannten und unerforschten Natur gewonnen. So galt bei Augustinus, bei Papst Gregor I. und anderen Theologen bis zum Beginn des 20. Jahrhunderts (1905 ein Münsteraner Professor namens Bautz) der Aetna auf Sizilien als Eingang zur Hölle. Bibeltexte und Visionenberichte wurden als Quellen naturkundlicher Informationen angesehen; so wagte man beispielsweise, die Temperatur des Höllenfeuers zu berechnen. Antike Vorstellungen brachen zusammen, als sich das naturwissenschaftliche Denken mit der Philosophie der Aufklärung verbündete.

Von der immer größer werdenden Erkenntnis der Schöpfung her verlor die Hölle ihren „Ort". Das aufgeklärte Denken brachte vor allem von England aus schwerwiegende Gründe gegen die Hölle vor: Eine endlose und über die Maßen grausame Strafe zerstöre das Verhältnis von Vergehen und Strafe. Sie stehe im Widerspruch zur wesenhaften Gerechtigkeit und Güte Gottes. Beides

Verdammt in alle Ewigkeit?

erweise sie als unlogisch, also widervernünftig. Die Behauptung ewiger Höllenstrafen produziere das Bild eines grausamen Rachegottes und fördere daher Aberglauben wie auch Atheismus. Im Hinblick auf jegliche Strafe knüpften die Aufklärer an einer großen antiken Tradition an: Das Wesen jeder Strafe bestehe im Gewinnen von Einsicht und Besserung als Strafzielen, nicht in Sühne und Vergeltung. Gott wurde von Aufklärungstheologen so groß gedacht, dass er auch den biblischen Strafandrohungen noch unendlich überlegen und in keiner Weise zur Exekution verpflichtet sei.

Höllenverteidiger, die es bis heute gibt, von Hans Urs von Balthasar „Infernalisten" genannt, stützen ihren „Beweis" hauptsächlich auf das Matthäusevangelium 25,31–46 (Weltgericht), das sie als sichere Information betrachten und aus dem sie ihr „Wissen" beziehen.

Eine wichtige Revision der amtlichen Kirchenlehre fand im 20. Jahrhundert statt. Im Zug der Abgrenzung der Kirche nach außen hatte das Konzil von Florenz im Jahr 1442 gelehrt, dass alle außerhalb der katholischen Kirche Sterbenden einschließlich der ungetauft sterbenden Kinder, alle Heiden, Juden, Ungläubige (gemeint waren Muslime) und alle von der Einheit der Kirche Getrennten (die orthodoxen Ostkirchen), dem ewigen Höllenfeuer verfallen werden, auch wenn sie noch so viele Taten der Liebe erbracht hätten. Von dieser Lehre hat sich das Zweite Vatikanische Konzil im Lehrtext über die Kirche (Artikel 15 und 16) ausdrücklich distanziert.

Heutige Auffassungen. Die „Wissenden" wurden hier schon genannt. Eine Minderheit unter Theologen hält es für möglich, dass die Auferweckung aus dem Tod nur den Glaubenden und Getreuen gilt. Die Todsünder im wahren und wirklichen Sinn des Wortes würden sich selber im Bösen „verzehrt" haben. Diese These sucht vor allem den vielen unschuldigen Opfern unfassbarer

Verdammt in alle Ewigkeit?

Brutalität in der Menschheitsgeschichte gerecht zu werden. Denen, die Kinder schänden, die Menschen verhungern lassen, die Massenmorde begehen, ist zweifellos der Zorn Gottes angedroht. Viele Menschen zählen zu den Hoffenden; sie erhoffen, ohne Sicherheit des Wissens, die Errettung *aller* Menschen. Hans Urs von Balthasar zählt in seinen Schriften eine Reihe imponierender Gestalten aus der Kirchengeschichte auf, die zu diesen Hoffenden zählen. Allgemein Bekanntere unter ihnen sind Therese von Lisieux, Edith Stein, Romano Guardini, Karl Rahner, Hans Urs von Balthasar, Joseph Ratzinger. Bei von Balthasar heißt die Auffassung: „Gewissheit lässt sich nicht gewinnen, aber Hoffnung lässt sich begründen", nämlich gestützt auf die Offenbarung der unbegrenzten Liebe Gottes und auf die Überlegung, dass es der Allmacht dieser Liebe gelingen könne, so auf die Freiheit der Menschen einzuwirken, dass die letzte (wenn auch vielleicht verborgene) Freiheitsentscheidung *aller* Menschen *für* Gott ausfalle, so dass aufgrund des universalen Heilswillens Gottes *alle* in die ewige Seligkeit bei Gott gerettet würden.

Eine Gewissheit der endgültigen Rettung, die über bloße Hoffnung hinausgeht, findet sich bei dem evangelischen Theologen Jürgen Moltmann:

„Das Gericht ist die der Geschichte zugewandte Seite des ewigen Reiches. Im Gericht werden alle Sünden, jede Bosheit und jede Gewalttat, das ganze Unrecht dieser mörderischen und leidenden Welt verurteilt und vernichtet, weil Gottes Urteil bewirkt, was es sagt. Im Gericht Gottes werden alle Sünder, die Bösen, die Gewalttäter, die Mörder, die Satanskinder, die Teufel und die gefallenen Engel befreit und aus ihrem tödlichen Verderben durch Verwandlung zu ihrem wahren, geschaffenen Wesen gerettet, weil Gott sich selbst treu bleibt und nicht aufgibt und verloren gehen lässt, was er einmal geschaffen und bejaht hat. Das ,jüngste Gericht' ist kein Schrecken, sondern in der Wahrheit Christi das Wunderbarste, was Menschen verkündet werden kann. Es ist eine Quelle unendlich tröstlicher Freude zu wissen, dass die Mörder nicht nur nicht endgültig über ihre Opfer triumphieren werden, sondern dass sie nicht einmal in Ewigkeit die Mörder ihrer Opfer bleiben können."

Das Weiterleben der Hölle. Die Hölle bildete nicht nur einen Gegenstand des Nachdenkens und der Angst religiös orientierter Menschen. Viele Phänomene der radikal säkularisierten Welt (in der Literatur, in Filmen, in der darstellenden Kunst) zeigen, dass „Hölle" eine unentbehrliche Metapher für Erfahrungen entsetzlicher Leiden und unglaublicher Schrecken ist. Man könnte bei solchen Höllenäußerungen zwischen einer mikrokosmischen und einer makrokosmischen Hölle unterscheiden. Zur mikrokosmischen Hölle gehören innere Schreckens- und Angsterfahrungen, Depressionen, Neurosen und Psychosen, die oft mit Wahrnehmungen verbunden sind, zum Beispiel von finsteren Gefängnissen, von tyrannischen Götzen, die ihre Anhänger verspotten, von Stimmen aus Zimmerwänden oder aus Geräten, Wahrnehmungen, die völlig den mittelalterlichen Höllen- und Besessenheitserzählungen entsprechen. In der makrokosmischen Hölle sind jene Martern der Menschheit zu finden, die in Krebs und AIDS, in Auschwitz (das nicht einfach „eingeordnet" werden darf) und Gulag ihre entsetzlichen Real- und Symbolbegriffe gefunden haben. So lässt sich unschwer feststellen: Die Hölle existiert in mannigfaltigen Erscheinungsformen, ohne dass man den Glauben an einen maßlos rächenden Gott dafür in Anspruch nimmt.

Die Freuden des Himmels

Was steht denen bevor, die sich mit ihren schwachen Kräften, nein, mit Gottes Hilfe bemüht haben, treu zu sein bis zum Ende? Kommen sie in den Himmel? Heutzutage wissen alle Leute, dass die Redeweise vom Himmel bildlich ist, zugehörig zum alten Weltbild, das sich vorstellte, die Erdscheibe sei überwölbt von einem oder drei oder sieben Himmelsgewölben, an die der Schöpfer die Leuchten gehängt habe, Sonne, Mond und Sterne, an denen es auch geheimnisvolle Wasserbehälter gebe, und wenn Gott deren Schleusentore öffne, dann regne es auf der Erde. Dass das nicht so ist, lernen die Kinder schon in der Grundschule oder am Fernsehen. Damit ist auch der Gedanke hinfällig, über diesen Gewölben befinde sich der Thronsaal Gottes, von wo er die Erde und das Weltall regiere. Dorthin habe er die Getreuen aufgenommen, wie das Neue Testament bezeugt, Jesus in seiner „Himmelfahrt" und den ersten Blutzeugen Stephanus, von dem es heißt, kurz vor seiner Hinrichtung:

„Er jedoch, erfüllt mit dem heiligen Geist, blickte zum Himmel auf und sah die Herrlichkeit Gottes und Jesus zur Rechten Gottes stehen, und sprach: Siehe, ich sehe die Himmel geöffnet und den Sohn des Menschen zur Rechten Gottes stehen" (Apostelgeschichte 7,55–56).

Dass der Himmel „oben" ist, dass man in der Not sagt: Himmel hilf!, das hat eine tiefe symbolische Bedeutung. Beethoven lässt im Schlusschor der gewaltigen Neunten Sinfonie singen: „Droben, überm Sternenzelt, muss ein ewger Vater wohnen". Aber selbst ganz gläubige Menschen wissen heute, dass das „nicht so gemeint" ist, auch wenn sie in der Adventszeit mit dem Propheten singen: „Tauet, Himmel, den Gerechten, Wolken, regnet ihn herab."

Der Kirchenvater Augustinus († 430) hat als alter Mann oft über seine Zukunft nach dem Tod nachgedacht. Was könnte es bedeu-

Die Freuden des Himmels

ten, dass Paulus im 1. Brief an die Korinther schreibt: Gott wird am Ende „alles in allem" sein (15,28)? Augustinus lenkt den Blick auf das Wesentliche: „Er wird das Endziel unseres Sehnens sein, er, der ohne Ende geschaut, ohne Überdruss geliebt und ohne Ermüden gepriesen werden wird."

Dieses Endziel wird im Christentum mit einer ganzen Palette an Schilderungen illustriert. Die wichtigsten von ihnen sollen hier zur Sprache kommen.

Die christliche Glaubenstradition hat als erstrangigen Inbegriff von dem, was erwartet wird, das Wort vom *„ewigen Leben"* festgehalten. Das Glaubensbekenntnis endet: „... und das ewige Leben. Amen." Ist das ersehnenswert? Das Missverständnis legt sich nahe, als bedeute „ewig" in diesem Wort endlose Fortdauer. Im Neuen Testament ist dieses „ewig" kein Wort für eine Zeitdauer, sondern ein Wort für eine ganz neue Qualität des Lebens: leben in einer unzerstörbaren, unvorstellbar intimen Gemeinschaft mit Gott.

Anfanghaft gibt es schon in diesem so vergänglichen Leben Ahnungen, was „ewiges Leben" in dieser Gemeinschaft mit Gott bedeuten würde. Sich in Glaube, Hoffnung und Liebe tief und fest in Gott verankert haben, bringt Heilung in einer heillosen Welt, Sicherheit in allen Unsicherheiten, bringt auch die Kraft zum Widerstand gegen alles Lebensfeindliche. Und immer wieder wird in dieser friedlosen Welt, inmitten so vieler zerstörter Beziehungen, das Glück gelingender Liebe erfahren: als Vorahnung des „ewigen Lebens".

Das Neue Testament zeigt, wie die unterschiedlichen Verfasser immer neue Zugänge gebahnt haben, um das „ewige Leben" zu verstehen. Paulus meint, dass wir jetzt im eigentlichen Sinn noch nicht dieses „ewige Leben" haben, aber für ihn gibt Gottes heiliger Geist, der Leben schafft, der Jesus von den Toten auferweckte, schon jetzt einen „Anteil" an diesem Leben, das nach unserer Auferweckung eine grenzenlose und nie mehr zerstörbare Liebesbeziehung zu Gott bedeutet. Bei Johannes gehört den Glau-

Die Freuden des Himmels

benden das „ewige Leben" schon jetzt, eine Glaubens- und Liebesbeziehung zu Jesus, die so stark ist, dass der biologische Tod als unwichtig erscheint. Aber die Verheißung beider Testamente ist doch unentbehrlich für das „ewige Leben" bei Gott: „Vernichten wird er den Tod auf ewig" (Jesaja 25,8), aufgenommen in der Johannesoffenbarung: „Und er wird alle Tränen abwischen von ihren Augen, und der Tod wird nicht mehr sein" (Offenbarung 21,4).
Auch die kirchliche Tradition hat das „ewige Leben" von verschiedenen Seiten her betrachtet. Für Augustinus ist es gekennzeichnet von tiefem Frieden und von grenzenlosem Glück. Im „glückseligen Leben", sagt er, „ist nicht der Anfang des einen Tages das Ende des andern, sondern alle Tage sind zugleich und ohne Ende." Der 524 im Gefängnis hingerichtete Philosoph Boethius erklärte: „Ewigkeit ist gleichzeitiger und vollständiger Besitz unbegrenzten Lebens." Der führende Theologe Thomas von Aquin († 1274) sah offenbar in den Veränderungen, im Wechsel der Zustände und dann auch der Empfindungen, ein Unglück. Dass es gar keine Veränderung mehr geben wird, dass wir Anteil bekommen an Gottes Unveränderlichkeit, das war für ihn der Inbegriff des „ewigen Lebens".

Zur biblischen und kirchlichen Tradition gehört der Gedanke von einer *„himmlischen Liturgie"*, die gleichsam synchron mit der eucharistischen Liturgie auf der Erde gefeiert wird, so dass in der Eucharistie der Kirche Himmel und Erde miteinander verbunden sind. Hier wie dort wird das Lob der Herrlichkeit Gottes im „Dreimal-Heilig" gesungen, von dem schon die Vision der alttestamentlichen Propheten wusste. Die Engel und die bei Gott Vollendeten verrichten diesen Gottes-Dienst Tag und Nacht in der preisenden Anbetung Gottes (Offenbarung 7,9–17).
Missverständlich ist die neutestamentliche Formulierung „Reich der Himmel", manchmal auch wiedergegeben als „Himmelreich".

Die Freuden des Himmels

Sie bezieht sich auf das zentrale Thema in der Verkündigung Jesu, auf das Reich Gottes oder die Herrschaft, das Königreich Gottes. Dieses Gottesreich sollte auf dieser Erde dadurch verwirklicht werden, dass ganz Israel, stellvertretend für alle Völker der Erde, die Botschaft Jesu annehme. Jesus verkündete die Bedingungen, wie Menschen in das Reich Gottes eingelassen würden, das Bekenntnis zu ihm, zu seiner Sendungsautorität, zu seiner Predigt von der Einheit von Gottes- und Menschenliebe. So lässt sich also nicht einfach sagen: Jesus lehrte die Menschen, wie sie „in den Himmel" kommen können. Matthäus lag daran, den Namen Gottes dadurch zu ehren, dass man möglichst selten „Gott" (in seiner heiligen hebräischen Form) aussprach, und so ersetzte er das Wort „Gottesreich" möglichst oft mit „Himmelreich".

Aber die kirchliche Tradition hat daran festgehalten, dass die Gleichniserzählung vom Himmelreich auch das himmlische Fest im „ewigen Leben" meine:

„Das Reich der Himmel ist gleich einem König, der seinem Sohn die Hochzeitsfeier rüstete" (Matthäusevangelium 22,2–14).

Unterstützt wurde diese Hoffnung durch die direkte Zusage: „Und wie mir mein Vater ein Königreich bestimmt hat, bestimme ich für euch, dass ihr an meinem Tisch essen und trinken sollt in meinem Reich und auf Thronen sitzen, um die zwölf Stämme Israels zu richten" (Lukasevangelium 22,29f.).

Die sehr spirituelle Hoffnung auf eine endgültige Liebesbeziehung zu Gott („Seligkeit der Seelen": 1. Petrusbrief 1,5.9f.) wurde hier ergänzt durch die Verheißung menschlich sehr verständlicher Wonnen: *Der Himmel ein Fest ohne Ende*, mit unendlich viel essen und trinken, und mit der Aussicht auf gesellschaftlich überlegene Positionen: Gericht zu halten über die zwölf Stämme Israels. Bereits ein Hinweis auf das eingetretene Zerwürfnis zwischen Synagoge und Christengemeinde? In die Vorstellungen von der Vollendung mag sich manch Irdisches eingeschlichen haben.

Die Freuden des Himmels

Mit der Erwartung recht greifbarer Wonnen verband sich die Hoffnung, in das *Paradies* zu gelangen, das nur in einem Idealentwurf existierte, aber doch mit dem Himmel verglichen werden konnte:

„Wer überwindet, dem will ich zu essen geben vom Baum des Lebens, der im Paradies Gottes ist" (Offenbarung 2,7).

Eine Verheißung findet sich auch in der Zusage Jesu an den Reumütigen:

„Wahrlich, ich sage dir: Heute wirst du mit mir im Paradiese sein" (Lukasevangelium 23,43).

Freilich muss das Paradies der Vollendung etwas ganz anderes sein als das gedachte Paradies des Anfangs. Die Anfangsberichte tendieren dahin, die Verantwortung der Menschen für die Schöpfung Gottes als ihr Lebenshaus zu betonen, sie sprechen also von menschlicher Aktivität auf dieser Erde und damit von etwas, das zwar wichtig, aber nicht völlig frei von Vergänglichkeit ist.

Katholische Christen sind es gewohnt, für eine oder einen Verstorbenen so zu beten: „Herr, gib ihr / ihm die ewige Ruhe, und das ewige Licht leuchte ihr / ihm. Herr, lass sie / ihn ruhen in Frieden. Amen." Diese Wünsche gehen weit in biblische Zeiten zurück. Die Aussicht auf ein *ewiges Licht* stützt sich auf die Verheißung im dritten Buch des Propheten Jesaja:

„Die Sonne wird nicht mehr dein Licht sein am Tage, und der Glanz des Mondes dir nicht mehr leuchten, sondern der Herr wird dein ewiges Licht sein und dein Gott deine Herrlichkeit. Deine Sonne wird nicht mehr untergehen und dein Mond nicht schwinden; denn der Herr wird dein ewiges Licht sein, und die Tage deiner Trauer haben ein Ende" (Jesaja 60,19f.).

Die ewige Ruhe, die den Verstorbenen von Gott erbeten wird, ist neutestamentlich bezeugt, zum Beispiel in den Ausführungen des Hebräerbriefs über die Sabbatruhe:

Die Freuden des Himmels

„Denn wir, die wir gläubig geworden sind, gehen in die Ruhe ein ... So wollen wir uns nun eifrig bemühen, in jene Ruhe einzugehen" (4,3.11). Noch stärker war der Einfluss der nicht-biblischen jüdischen Literatur auf die Bitte um *Ruhe*. Das jüdische, um 100 nach Christus entstandene 4. Buch Esra galt mancherorts noch bis ins 5. Jahrhundert als Teil der Bibel; es stand bei Christen in hohem Ansehen. Darin heißt es, dass die Seelen derer, die „den Weg des Höchsten nicht beachtet haben" (VII 79), nicht in die jenseitigen Kammern eingehen dürfen, sondern sie müssen „unter Qualen umherschweifen", „immer klagend und traurig", die andern aber sind „von Engeln in großer Ruhe behütet" (VII 85). Das Buch spricht auch davon, dass jene, „die die Wege des Höchsten beachtet haben, auf sieben Stufen zur Ruhe getragen werden" (VII 91). In der griechischen Esra-Apokalypse, die vom 4. Esra-Buch abhängig ist, findet sich ebenfalls die Verheißung der Ruhe: „Ich werde die Gerechten Ruhe finden lassen im Paradies" (I 12). Vor dem Hintergrund der Meinung, die Seelen der Sünder müssten nach dem Tod ruhelos umherschweifen, wird der Wunsch nach Ruhe verständlich. Sicher hat er aber mit dazu beigetragen, dem Himmel ein zu statisches Gepräge zu geben. Hierzu ein paar Worte, die die Übersicht über biblische Texte etwas unterbrechen.

Die scholastische Theologie, die einschließlich der Neuscholastik fast eintausend Jahre lang die katholische theologische Landschaft beherrschte, stand zu einem großen Teil unter dem Einfluss des bedeutenden, kirchlich empfohlenen Dominikaners Thomas von Aquin. Wesentlich von ihm stammt eine „intellektualistische" Sicht in der Theorie der himmlischen Gottesschau, mit der den Menschen die Freude an der Seligkeit genommen wurde. Die Ursache dafür ist in der Übernahme von Gedankengängen bei Aristoteles († um 322 vor Christus) zu suchen. In aristotelischer Sicht ist jede Bewegung immer etwas Unvollkommenes, unbewegte Ruhe dagegen ist ein Inbegriff für Vollkommenheit.

Die Freuden des Himmels

Für den Blick auf das, was Menschen nach dem Tod erwartet, bedeutet das: Dieses Leben ist ein bewegter Weg, Bewegung auf dem Weg. In der himmlischen „Heimat" dagegen werden Ruhe und Schauen, beschauliches Erkennen und damit tiefer Friede sein. Nach einem von Thomas übernommenen Wort des Aristoteles besteht die letzte Glückseligkeit des Menschen in der ruhigen Betrachtung (griechisch „theoria") der Wahrheit, und dazu gehören absolute immerwährende Dauer und Unbewegtheit. In einer bildhaften Vorstellung dieses Zustands in der Ewigkeit sitzt Gott der Herr auf einem hohen Thron, und alle in den Himmel gelangten, das heißt seligen, Menschen sitzen auf kleinen Thrönchen im Kreis um ihn herum. Unbewegt und unbeweglich schauen sie immerfort Gott an. Es versteht sich, dass ein so gepredigter Himmel bei den meisten Menschen den Eindruck von Langeweile hervorrufen musste.

Es gab bei den Franziskanern eine Gegenbewegung dazu, die ihren Wortführer in Johannes Duns Scotus († 1308) hatte. Er ging von der Unterscheidung zwischen erstrangiger und zweitrangiger Glückseligkeit aus. Die erstrangige Glückseligkeit, meinte er, komme als Geschenk des Himmels von Gott her; hier sah auch er keine Möglichkeit zu Veränderungen. Die zweitrangige Glückseligkeit komme von den anderen seligen Geschöpfen her; diese, zum Beispiel die großen Heiligen, könnten sich den andern Seligen frei und aktiv zuwenden, und dadurch könne deren zweitrangige Seligkeit auch im Himmel noch unendlich wachsen.

Die tiefsinnigsten Gedanken über das Leben des Menschen als Weg zu Gott und über das Nicht-Aufhören dieses Wanderns in der Ewigkeit des „Himmels" fanden sich bereits bei dem ostkirchlichen Theologen und Bischof Gregor von Nyssa († um 395), der auf dem Konzil von Konstantinopel 381 großen Einfluss hatte. In seinen 15 Studien zum alttestamentlichen Hohenlied setzte er den Weg des Menschen zu Gott gleich mit dem Hören der Braut auf die Stimme des Geliebten: Steh auf! Komm! Dem Hören fol-

Die Freuden des Himmels

gen Aufstehen und Laufen. Beides wird nie aufhören. Niemals steht der Wanderer still. Was er von Gott „begreift", das ist immer größer als das, was er vorher „begriffen" hatte, aber es ist zugleich der Anfang eines weiteren Suchens und eines noch höheren Findens: „Der ewige Fortgang des Suchens und das Nie-Ausruhen auf dem Weg nach oben sind die wahre Stillung der Sehnsucht, indem jede ganz erfüllte Sehnsucht eine weitere Sehnsucht nach dem Höheren erzeugt." In dieser mystischen, ungeheuer dynamischen Sicht des Himmels sind Ruhe und Bewegung dasselbe. Seligmachend sind dieses rastlose Wandern und dieses ekstatische Verharren, weil es dem über alles geliebten Gott gilt, der *als der Unbegreifliche* geliebt wird und *als der Liebende* der bleibend Unbegreifliche ist. Diese Schau hat Heimatrecht in der kirchlichen Spiritualität; sie hat aber nie die weitreichende Geltung erlangt wie die Ruhe-Theorie bei Thomas von Aquin.

Biblische Verheißungen eigener Art stellen den Zustand der Vollendung ganz offensichtlich in der uns bekannten Schöpfung Gottes in Aussicht. Dazu gehören wohl die Ansage eines „neuen Himmels" und einer „neuen Erde", aber auch die Meinung, die Auferweckung der Toten werde auf dieser Erde erfolgen. Eine Sonderversion der Hoffnung auf diesseitig-irdische Vollendung bildet das Kommen des „himmlischen Jerusalem", der Stadt Gottes, des Ortes endgültiger Gemeinschaft von Gott und erlöster Menschheit, der sich vom Himmel auf die erneuerte Erde „herabsenkt", wie die Johannesapokalypse in Anlehnung an die prophetischen Ansagen der Erlösung Jerusalems und der zukünftigen Herrlichkeit des Zion sagt (Offenbarung Kapitel 21).

Die Illustration der endgültigen Zukunft mit den Bildern einer Stadt, also eines Gemeinwesens, beim Propheten Jesaja und in der Johannesapokalypse ist zusammen mit dem Jesuswort von den vielen Wohnungen im Haus des Vaters (Johannesevangelium 14,2) ein festes Fundament für den christlichen Glauben, dass

Die Freuden des Himmels

Gott jenseits des Todes ein bleibendes Wiedersehen mit Verwandten und Freunden schenken wird.

Nach diesem Überblick über die bunte Breite, in der die Hoffnungen der Christen in biblischer Zeit ausgesprochen wurden, sei nun auf zwei zentrale Erwartungshaltungen hingewiesen, die ebenfalls biblisch bestens bezeugt sind.

Dem zu uns kommenden Jesus entgegen. Die erste dieser Haltungen gründet in dem intensiven Wunsch, bei Jesus sein zu dürfen: ihm entgegen zu eilen, um für immer bei ihm zu sein. In der johanneischen Überlieferung lautet das so:
„In meines Vaters Haus sind viele Wohnungen. Wo nicht, würde ich euch (dann) gesagt haben, dass ich hingehe, um euch eine Stätte zu bereiten? Und wenn ich hingegangen bin und euch eine Stätte bereitet habe, komme ich wieder und werde euch zu mir nehmen, damit auch ihr seid, wo ich bin. Und wohin ich gehe, dahin wisst ihr den Weg" (Johannesevangelium 14,2ff.).

Vielfältig sind die Zeugnisse bei Paulus. Die Belehrung über die Endzeit im 1.Thessalonicherbrief endet mit dem von Vorfreude geprägten Ausblick: „und so werden wir allezeit bei dem Herrn sein" (4,17). Im Philipperbrief bekennt er seiner Lieblingsgemeinde den brennenden Wunsch, Jesus Christus zu verherrlichen, sei es durch seinen kirchlichen Dienst, sei es durch sein Sterben:
„Es wird mir aber von den zwei Dingen hart zugesetzt, indem ich Lust habe, abzuscheiden und bei Christus zu sein, denn das wäre bei weitem das bessere; aber im Fleisch zu verbleiben ist nötiger um euretwillen" (1,23f.).

Im 2. Korintherbrief, Kapitel 4 und 5, überlagern sich die Bilder. Unter ihnen tritt das Bild der Wanderung für das Menschen- und Christenleben bei Paulus hervor:
„Wir sind nun allezeit getrost und wissen, dass wir, während wir im Leibe daheim sind, fern vom Herrn auf der Wanderung sind – denn im Glauben wandeln wir, nicht im Schauen –; wir

Die Freuden des Himmels

sind aber getrost und haben vielmehr Lust, auszuwandern aus dem Leib und daheim zu sein beim Herrn" (5,6ff.).

Einen sprachlichen Höhepunkt hat diese Jesusmystik des Apostels Paulus im Römerbrief: „Wer will uns scheiden von der Liebe Christi?" (8,35), und dazu gehört seine ganze Hoffnungsspiritualität (Römerbrief 8,19–39).

Gott schauen. Der zweite Inbegriff der Sehnsucht nach Vollendung gründet in den Zeugnissen, die ein Schauen Gottes selber in Aussicht stellen. Jesus sprach davon in der Bergpredigt: „Selig jene, die reinen Herzens sind, denn sie werden Gott schauen" (Matthäusevangelium 5,8).

Für Paulus gehört das Schauen Gottes zu jenem Erkennen, das – ganz in Übereinstimmung mit der hebräischen Auffassung von „Erkennen" – mit dem Lieben identisch ist:

„Denn wir sehen jetzt (nur wie) mittels eines Spiegels in rätselhafter Gestalt, dann aber von Angesicht zu Angesicht" (1. Korintherbrief 13,12).

Ein viel beachtetes Zeugnis findet sich im 1. Johannesbrief: „Geliebte, jetzt sind wir Kinder Gottes, und noch ist nicht offenbar geworden, was wir sein werden. Wir wissen, dass wir, wenn es offenbar geworden ist, ihm gleich sein werden; denn wir werden ihn sehen, wie er ist" (3,2).

„Gott alles in allem." Eine Zusammenschau. Aus der Vielfalt biblischer Zukunftsverheißungen darf man wohl diese beiden Ausblicke, dem kommenden Jesus entgegenzueilen, um für immer bei ihm zu sein, und das Schauen Gottes so wie er ist, für den Inbegriff alles dessen halten, was von Gott erhofft werden kann.

Dass ein Mensch von der Zukunft Gottes etwas *für sich* erhofft, ist legitim, weil auch nach dem Neuen Testament Selbstliebe legitim ist. Darum ist es legitim, sich auf „ewiges Leben" zu freuen und darunter Leben in Fülle, in Ruhe und Frieden, ein Wiedersehen geliebter Menschen zu verstehen.

Die Freuden des Himmels

Dass ein Mensch die *Schöpfung Gottes in allen ihren Aspekten* und so auch mit ihrer Materialität in die Hoffnung auf Vollendung einbezieht, ist legitim, da Gott sich als der Retter alles Geschaffenen geoffenbart hat. Ein Mensch darf sich darauf freuen, dass auch seine Leiblichkeit in diesem Zusammenhang gerettet werden soll, weil zwischen Heilung der Schöpfung und Selbstliebe ebenfalls ein innerer Zusammenhang besteht.

Bei dem sehnlichen Wunsch, bei Jesus zu sein und Gott selber zu schauen, wie er ist, handelt es sich dagegen um Bewegungen, bei denen das Ich aus der Sorge um sich selber ausbricht, um Gott – in Jesus und durch Jesus – ganz und gar *um seiner selbst willen* – zu lieben. Nur diese Liebe zu Gott um seinetwillen erfüllt den Begriff von Liebe und ist darum vollkommen.

Eben darin besteht auch der Sinn des Menschenlebens und der Sinn des Sterbens: Beides, Leben und Tod, zu begreifen als Wege des Erlernens dieser Liebe, die darin mündet, dass das Ich sich selber ganz und ausschließlich dem göttlichen Du anvertraut.

Aus dem Gesagten ergibt sich, dass Rede und Lehre vom Himmel zwar geschehen dürfen unter dem Aspekt: Was bringt es mir?, dass aber der dominierende Gedanke – Gott zu lieben – immer präsent und das Ziel des Redens und Lehrens bleiben muss.

Die Mystik, in der allein der christliche Glaube seine Zukunftschance hat, wusste das immer. Es sei gestattet, zwei Passagen geistlicher Meister der Neuzeit anzuführen, die dem Verfasser dieser Zeilen lebensgeschichtlich von Bedeutung waren. Der erste Text, von Hans Urs von Balthasar (1905–1988), entspricht der zuerst erwähnten Jesusmystik, der zweite, von Karl Rahner (1904–1984), der Gottessehnsucht.

In seiner mystischen Schrift „Das Herz der Welt" sagt von Balthasar:
„Und zuletzt bist nur noch du, das Herz in der Mitte. Und wir sind nicht, denn was gut ist in uns, das bist du, und was wir selber sind, kommt nicht in Betracht. Wir vergehen vor dir und

wollen nichts sein als dein Spiegel und Fenster für unsere Brüder. Unser Untergang vor dir ist dein Aufgang über uns, unser Aufgehen in dich und dein Aufgang in uns. Denn auch unser Untergang vor dir trägt die Gestalt deines eigenen Untergangs, und auch unsere Ferne von dir in Schuld und Schande gehört uns nicht, denn du hast sie zu deiner eigenen Ferne gemacht. Die Sünde selbst hat die Form der Erlösung. So bleibst du zuletzt allein und bist alles in allem."

In seiner Gebetssammlung „Worte ins Schweigen" formulierte Rahner seine Interpretation des „Gott alles in allem" folgendermaßen:

„Dann wirst du einmal das letzte Wort sein, das einzige, das bleibt und das man nie vergisst. Dann, wenn einmal im Tod alles schweigen wird, und ich ausgelernt und ausgelitten habe. Dann wird das große Schweigen beginnen, in das du allein hineintönst, du Wort von Ewigkeit zu Ewigkeit. Dann werden alle Menschenworte verstummt sein, Sein und Wissen, Erkennen und Erfahren werden dasselbe geworden sein: ‚Ich werde erkennen, wie ich erkannt bin', werde verstehen, was du mir schon immer gesagt hast: dich selber. Kein Menschenwort, kein Bild und kein Begriff wird mehr zwischen mir und dir stehen, du selbst wirst das eine Jubelwort der Liebe und des Lebens sein, das alle Räume meiner Seele füllt."

Diese (für die Mystik weithin repräsentativen) Texte sind von zwei Seiten her kritisierbar. Zum einen könnte gefragt werden, ob die Schöpfung, die Erde, die geliebten Menschen vor der Radikalität solcher Jesus- und Gottesliebe einfach versinken und verschwinden können. Dieses Vergehen ist dann nicht zwangsläufig gegeben, wenn die genannten Dinge und Menschen als Gottes Gabe und Geschenk, ihm verdankt, die Liebe zu ihm mehren – statt sie als Konkurrenten zu mindern. Zum andern aber sind die Einwände von jener tiefenpsychologischen Seite zu erwarten, der angesichts ihrer höchsten Güter, die Selbstverwirklichung und

Die Freuden des Himmels

Selbstbeglückung heißen, ein Verzicht auf Egozentrik und die Forderung nach selbstloser Liebe verabscheuenswürdige Greuel sind. Dem gegenüber bleibt dem christlichen Glauben gar nichts anderes übrig, als auf seiner Identität zu bestehen. Und wenn alle auf die Suche nach ihrem kleinen Glück gingen – „dann mache ich Gott eben die Freude, dass es mich noch gibt" (K. Rahner). Man hat Jahrhunderte lang von den „Letzten Dingen" gesprochen, dem Tod und von dem, was „danach" kommt. Später wurde vorgeschlagen, das zu ändern in: „Von den letzten Begegnungen". Noch zutreffender wäre: „Von den ersten Begegnungen", erstmals Jesus leibhaft zu begegnen, der Sehnsucht nach uns hat: „damit auch ihr seid, wo ich bin." Erstmals Gott selber in seiner Unbegreiflichkeit, in seiner unbegreiflichen Liebe zu begegnen. Dieser Gott hat uns in Jesus von Nazaret nicht von Leid und Tränen, nicht von Sterben und Tod erlöst. Er hat nicht einfach alle Schuld des Lebens und der Menschheitsgeschichte weggewischt und für die Zukunft unmöglich gemacht. Erlöst sind wir von der Hoffnungslosigkeit.

Quellennachweise

Wie Sterben erfahren wird
L. A. Seneca, Vom glückseligen Leben und andere Schriften, herausgegeben von P. Jaerisch, Stuttgart 1984, S. 142.
Georg Christoph Lichtenberg, Schriften und Briefe, herausgegeben von W. Promies, Band 2, München 1971, S. 409f.
Bert Brecht, Gesammelte Werke IV 1031.

Warum denn der Tod?
Paul Deselaers – Dorothea Sattler, Es wurde Licht. Die Botschaft der biblischen Schöpfungstexte, Freiburg i. Br. 2006, S. 48f.
Deselaers – Sattler S. 12f.

Gläubig sterben
Karl Rahner: H. Vorgrimler, Karl Rahner verstehen, Neuausgabe Kevelaer 2002, S. 164.

Christliches Sterben mit Jesus
Erich Zenger, in: Markus Nolte (Hrsg.), Zum letzten Mal sage ich euch, Münster 2006, S. 51, 53.
Deselaers – Sattler S. 136.

Vor dem Richterstuhl
Jürgen Moltmann, Das Kommen Gottes. Christliche Eschatologie, Gütersloh 1995, S. 279.

Läuterung im Jenseits?
Moltmann S. 138.

Verdammt in alle Ewigkeit?
Moltmann S. 284.

Die Freuden des Himmels
Hans Urs von Balthasar, Das Herz der Welt, Zürich 1941, S. 162f.
Karl Rahner, Worte ins Schweigen, Innsbruck 1947, S. 30f.